制度のメカニズム
1

アメリカ連邦最高裁判所

大越 康夫

東信堂

まえがき

アメリカの司法制度は連邦制であることから連邦と州の二元的構造を有し、連邦最高裁判所が司法府の頂点に位置する。その役割は、司法内部においてはもちろん、政治分門である立法府、行政府に対しても大きな作用を果たす。司法内部においては最終審である連邦最高裁の判断は先例として一定の拘束力を有する。政治部門に対しては、憲法解釈権を通して立法、行政を抑制する機能を有する。これらの政治部門に一定の方向を指し示すことで、司法としての政策形成機能を発揮しうるのである。

連邦最高裁は政治から中立な、ただ法を発見するだけの機関でないことは明らかである。事実の証明するようにまことに重要な政治機関である。しかしながら制度内在的限界も有する。司法は事件を前提とする。事件を提起されない中で判断を下すことはできない。裁判が成立し、そこに憲法問題が含まれるとき、紛争解決に必要な限りではじめて憲法判断が行われる。それが結果として立法、行政作用の憲法適合性を判断することになるのである。一般的、抽象的に法律や命令を違憲無効としうるものではない。

こうした限界を踏まえたうえで、連邦最高裁はその権限をいかに行使すべきか。それは各判事が最高裁の役割をどう考えるか、その総和として現れる。連邦最高裁はアメリカ二〇〇年の歴史でどのような役割を果たしてきたのか。それはいかなるメカニズムの下で作動しているか。その構成員はいかにして選任されるのか。これらの疑問に答えるために、その諸機関を動かしている一つ一つの歯車を分解することからそのメカニズムの解明が可能となるであろう。

二〇〇二年一月二七日

大越　康夫

目次／アメリカ連邦最高裁判所

アメリカ連邦最高裁判所

第1章　ある逆差別違憲訴訟

その日、夕方のテレビ・ニュースを見ていた黒人学生はいっせいに怒りの声を上げた。ハーバード大学の学生寮のラウンジは夏季学期の授業を受けている人種も年齢もさまざまな学生たちが集まっていた。一九七八年六月二八日水曜日のイブニング・ニュースは白人学生による逆差別の訴えを最高裁が認めたと報道したのであった。ひと固まりになって身を乗り出してテレビ画面を見つめる黒人たちの表情には、最高裁への不信が表れていた。

いわゆるバッキ・ケース(Regents of the University of California v. Bakke)は、人種問題で一貫して示してきた隔離撤廃の最高裁の姿勢が微妙に変わる転機を画するものとなったように思われた。もっとも判決は一五四頁に及び、六つの意見が並び、内容は直截なものとはとても言えなかった。ただ翌日の新聞はメディカル・スクールへの入学を求めていた白人学生の喜びの顔が掲載され、結論がアラン・バッキ(Allan Bakke)にとって満足すべきものであったことを示していた[1]。新聞の全面ぶち抜きの見出しは「最高裁、大学のアファーマティブ・アクション(積極的差別解消策)支持、しかしバッキの入学許可を命ずる」であった。司法長官ベル(Griffin B. Bell)はこの判決が「アファーマティブ・アクションにとって大きな前進」であると、カーター大統領とともに考えていると記者に語った。またNAACP(全米有色人種地位向上協会)の運営責任者フックス(Benjamin L. Hooks)も本判決を「教育のみならずその他の領域で自発的なアファーマティブ・アクションの明確な勝利」と呼んだ。まさに玉虫色の判断であったのか。

"All the News That's Fit to Print"

The New York Times

LATE CITY EDITION

Weather: Sunny, warm today; fair tonight. Sunny, warm tomorrow. Temperature range: today 69-84; yesterday 75-90. Details, page B17.

VOL. CXXVII ... No. 43,986　NEW YORK, THURSDAY, JUNE 29, 1978　20 CENTS

HIGH COURT BACKS SOME AFFIRMATIVE ACTION BY COLLEGES, BUT ORDERS BAKKE ADMITTED

PRESIDENT TO ISSUE ORDER TO LIBERALIZE RULE ON SECRET DATA

Change in Procedure on Classified Documents Designed to Exhibit Interest in Open Government

By MARTIN TOLCHIN

Continued on Page A16, Column 3

Gerard C. Smith

South Africans Reported Ready For Nuclear Ban

JOHN F. BURNS

Continued on Page A6, Column 3

BELL HAILS DECISION

Calls Ruling a 'Great Gain'—Plaintiff Is 'Pleased' and Others Express Relief

By LINDA GREENHOUSE

Continued on Page A22, Column 6

Allan P. Bakke returning to home in Los Altos, Calif., after work yesterday

A Plateau for Minorities

Most College Programs Expected to Continue, But Ruling Is Seen as Brake on Rights Efforts

By JOHN HERBERS

Continued on Page A22, Column 3

GUIDANCE IS PROVIDED

Medical School Racial Quota Voided, but Advantage for Minorities Is Allowed

By WARREN WEAVER Jr.

Excerpts from opinions, Pages A20, A21.

Continued on Page A22, Column 1

2 U.S. NEWSMEN GET SOVIET LIBEL CHARGE

TV Agency Files Suit Stemming From Dispatches About Dissident

By DAVID K. SHIPLER

Continued on Page A12, Column 1

WED IN MONACO: Princess Caroline and Philippe Junot during civil marriage ceremony at palace in Monaco. They exchanged vows in same room where Prince Rainier and Grace Kelly were wed in 1956. Page C10.

INSIDE

Blackout Cost Tallied

Levitt Disputes Vouchers

News Summary and Index, Page B1

Boy, 15, Who Killed 2 and Tried To Kill a Third Is Given 5 Years

By CHARLES KAISER

Continued on Page B7, Column 1

1 事実

バッキの受験したカリフォルニア大学ディヴィス校メディカル・スクールは一九六八年に設立され、定員は一〇〇名で、最初の二年間、マイノリティは三人だけ、いずれもアジア系であった。同校はアメリカ医学部連合の勧告に基づいてマイノリティの入学を推進するため、二つの入学プログラムを設けた。一つは正規の入学プログラムで、もう一つは特別入学プログラムである。正規入学プログラムは志願者の学部の成績、標準テスト得点、推薦状、課外活動、面接によって判定した。特別入学プログラムは経済的または教育の面で不利な立場にあるか、もしくは黒人、チカノ(ヒスパニック)、アジア系、ネイティブ・アメリカンである志願者のためのものであった。この特別入学プログラムには一六人を割り当てていた。白人志願者で、貧困を理由に特別入学プログラムで選考されるよう希望した者も少なからずいたが、一人も入学を認められなかった。このプログラムで入学を許可されたのは、すべて指定されたマイノリティ・グループの者であった。一九七一年から一九七四年の間、特別入学プログラムで黒人二一人、チカノ三〇人、アジア系一二人が入学を許可された。同じ期間、正規の入学プログラムでは黒人は一人、チカノ六人、アジア系三七人が入学した(2)。

バッキは白人の北欧系の男性で、ミネソタ大学工学部を出てベトナム戦争に行き、復員後NASAで働いており、またスタンフォード大学の工学修士号を持っていた。その彼が医者の経歴に興味を抱き、化学のコースを特別に取り、地方の病院でボランティアをして、三三歳の一九七三年にディヴィス校を受験したものの不合格となり、翌年も受験したがまた不合格となった。一九七三年の特別入学プログラムの入学許可者のGPA平均は二・八八で、正規の入学プログラムのそれは三・四九、そしてバッキは三・五一であった[3]。バッキは、特別入学プログラムで合格した志願者は自分よりも少なくとも成績では劣っていたことを理由に、大学の二元的入学プログラムが憲法修正一四条の平等保護条項に違反するとして、自らの入学許可を求める訴えを提起した。バッキは事件を自分と同じ立場にある人たちを代表して訴えるクラス・アクションにしないことを選んだ。というのはクラス・アクションは、ディヴィス校から入学許可命令を得るという最優先の目標を複雑なものにするであろうと考えたからである。しかしながら大学はバッキの入学許可についてのみならず、特別入学プログラムそれ自体の有効性について判断を裁判所に求めた。それゆえ事件により広い社会的意味合いを与えたのは、バッキではなくディヴィス校であった。

州地裁は特別入学プログラムを無効とし、入学者選考にあたって人種を考慮することは憲法の平等保護条項に違反し、許されないことを明らかにした。しかしバッキは、同プログラムが存在しなければ入学を許可されたはずであることを立証しなかったとして、バッキの入学を命ずることは拒否し、大学に対して人種にかかわらず、バッキの入学申請を再検討するよう指示した。バッキ、大学ともに上訴し、カリフォルニア州最高裁は同プログラムが違憲であると判示し、「人種にかかわりなく適用される基準によって決定されなければならず、志願者は自分より劣っている者のために、人種のせいで入学を拒否されることはない」と述べた。世評では、州最高裁は司法積極主義的でリベラルであると思われていた。それゆえ六対一でバッキに有利な判断が明らかになったとき、アファーマティブ・アクションの支持者にとって大きな衝撃であった。さらに悪いことに多数意見は同最高裁の主導的なリベラルの輝ける星の一人が記したのであった。州最高裁の入学許可命令は、大学が連邦最高裁へ上訴したため、延期された。

ディヴィス校を支持する圧力団体の中には、大学に対して連邦最高裁に上訴しないよう主張するものがあった。というのはこの事件は固定した人数枠にかかわり、バッキより成績の劣るマイノリティがその人数枠の一部として入学を認められている一方で、そのためにバッキは入学を認められなかったと考えられることは明らかであった。そのうえ連邦最高裁は一般にカリフォルニア州最高裁ほどリベラルではなく、上訴で有利な判断が得られると期待できる理由はほとんどなかった。上訴がなされなければ、アファーマティヴ・アクションへの打撃は少なくとも当面はカリフォルニア州に限られるのである。にもかかわらず大学は、すでに打撃を被っていると考え、連邦最高裁に上訴しても失うものは多くないという見解であった。一九七七年二月、最高裁は事件を審理することに同意した。

ときのカーター民主党政権は司法省のトップ・クラスに二人の黒人を任命し、人種的公正さへの強い責任を示そうとしていた。しかしアファーマティヴ・アクションの問題は同政権を苦境に陥れたように見えた。司法省内部で意見の対立が露呈し、カーター大統領は最終的に政府はアファーマティヴ・アクションを強く支持するものの、「固定的な人数枠」には反対であるという立場をとった。

2　口頭弁論

一九七七年一〇月一二日水曜日、早朝、最高裁の正面階段には前日からの徹夜組も含めて一〇〇人以上が列を作っていた(4)。九時に正面の扉が開かれたときには四〇〇人にふくれあがった。最高裁判事もそれぞれ九人分の特別パスを使って法廷の右側の一角に議員や著名人、自らの家族を招いていた。バッキその人は訴訟の間、一貫してプライバシーを守る姿勢を維持し、この日も報道陣を避けて現れなかった。一〇時きっかり、判事たちが赤いカーテンの背後から姿を現した。

大学側の弁護人はアーチボード・コックス(Archibald Cox)であった。ハーバード大学教授で元訟務長官、そしてウォーターゲート事件の特別検察官として、「土曜の夜の大虐殺」でニクソン大統領に解任されたことでも有名なコックスが、いつもの蝶ネクタイ姿で弁論を行った。彼は、最高裁が直面している三つの現実があると述べた。「第一は全米のメディカル・スクールのような専門の教育機関の有資格の受験者の数が募集人数をはるかに上回っていることである。」第二の事実も逃れがたい。人種差別が「あるマイノリティを孤立させせ、彼らに劣った教育状態を強い、高等教育や専門職を含めてアメリカン・ライフの最も重要な満足しうる側面から彼らを締め出していた。」そして第三の最も重要な事実は、「全米の大学で今日、マイノリティの学生をもっと入学させるような、人種に盲目の選抜方法は存在しない」ことであるという。

弁論が始まって数分で、まずホワイト(Byron R. White)が口を挟んだ。その口調はきわめて性急で激しく、コックスもどう答えたか思い出せないほどであったが、その応答の直截さに経験が現れていた。皮肉なことに、コックスは自分から提起することは思いとどまった点が判事の一人の質問から浮上した。コックスは答えの中で運動選手の奨学制度を、頭数に依らない入学許可の一つの例として示唆した。しかし人種の正義と運動能力を比較することは問題を矮小化するものだと批判を受け、運動選手の奨学制度を持ち出すべきではないと始終たたき込まれていたとコックスは言う。しかしブラックマン(Harry A. Blackmun)判事がそれを持ち出した。ブラックマンは、優れた運動能力はほとんどの大学がねらうところではないのか尋ねた。コックスは「そうですね。私はハーバードですが」と答えかけると、どっと笑い声が上がった。「それがハーバードのねらいかどうか知りませんが、うまくいってません。」

上訴人の弁護人としてコックスには、反対弁論の時間を留保する権利があった。彼は質問がきわめて熱くなっていたので、いつもと違って考えをまとめ言い残した点を補足するためにその時間を使おうとした。コックスに続いて訟務長官マックリー(Wade H. McCree Jr.)が政府の立場を代表して一五分間、弁論を行った。

ついでバッキの弁護士レイノルド・コルビン(Reynold Colvim)が証言台に立った。彼は最高裁は初めてで、必要もない歴史とディヴィス校の些事についてしまりのない弁論を始めた。とうとうたまらずパウエル(Lewis F. Powell, Jr.)判事はいつになく鋭い語調でさえぎった。「大学側は基本的な事実は否定も抗弁もしていない。事実は全く明らかです。われわれは、少なくとも私は、憲法論議を期待しています。言わしてもらえれば、二〇分も事実の説明に費やしています。私は憲法問題について助言がほしいのです。本当のところ、それを聞けますか。」

コルビンはそれに応えようとしたが、的外れで、今度はマーシャル(Thurgood Marshall)判事が尋ねた。「あなたは依頼人の権利について述べているのですか。彼のような特権を持たない人たちにはいろいろな権利がないのですか。」コルビンは彼らには競争の権利があると言いかけると、マーシャルは言葉を引き取って「分け前にあずかる競争でしょう」と続けた。弁論は迷走を始め、ホワイト判事は「これは信じがたい」とつぶやいた。コルビンは最高裁というめったにない機会にとまどう弁護士によくあるように、「自分でも訳が分からない状態」にあった。最高裁専門の法律家に弁論を譲ればよかったのだが、支持者のアドバイスをはねつけたためにこうなってしまった。

再びコックスが立ち上がって反対弁論を始めるとパウエルがさえぎり、「この事件記録は憲法判断をするには不十分で差し戻すべきですか」と尋ね、コックスはこれに同意を示した。普通の倍の二時間を費やして首席判事は弁論を締めくくった。

3　判決へ

(1)　意見交換

一〇月一四日金曜日の裁判官会議でバッキ・ケースの評議が行われた[5]。首席判事がいつもの議論の口火を切る。バーガー(Warren E. Burger)は一九六四年公民権法第六編の、連邦基金を受けるプログラムは人種差別を禁止されるという規定に基づいて州最高裁の判断を支持した。そして「多様性は大学院よりは下のレヴェルで求められるべきである」と述べた。首席判事の後、在任期間の長い判事から発言した。ブレナン(William J. Brennan)はディヴィス校の人種の利用は修正第一四条に一致し、州最高裁の判断は覆されるべきであると主張した。スチュアート(Potter Stewart)は、同条の「平等保護条項は人種のみに基づく差別を禁じている。ディヴィス・プログラムが行っているのはまさにそれであり、人種に基づく有害な措置は違憲である」とした。ホワイトはディヴィス校が人数枠を設定し、それを有資格の黒人で満たすことができると言い、「修正一四条の下で何が許されるかという立法府、行政府の見解に私は依拠する」と述べた。マーシャルは「人数枠について、それが人々を排除するものではなく、ある人たちを採り入れるものである」とみなした。

次はブラックマンの順番であったが病欠していた。パウエルはどんな人数枠もOKと考えるブレナン、ホワイト、マーシャルに加わることはできないと述べた。「多様性は広範な層のアメリカ人に大学院の機会を許容するに必要な目標である。各志願者は誰とも競争できるとすべきで、人種を考慮に入れることは適切であるが、固定した枠を留保してはならない」と発言した。レーンクィスト(William H. Rehnquist)は基本的にはスチュアートに同意し、人種が考慮に入れられるというパウエルには同意しないと述べた。スティブンス(John Paul Stevens)は本件が第六編に基づいて決定されると同僚に述べた。「アファーマティブ・アクション・プログラムは優れたサーヴィスを行ってきたが、暫定的であるべきである」とした。結局、判事の多数は追加書面を求めることで一致した。それは実際の票決が数週間延期されることを意味した。

一一月二二日、パウエルは人種の優先を認める意見草稿を仕上げ、全判事に回覧した(6)。パウエルはディヴィス校の固定した人数枠は、ともすれば「純然たる」多様性を妨げると述べた後、それに代わるものとしてハーバード大学をあげた。ハーバード方式は「言葉の広い意味で意義深い多様性を達成するよう企図された入学制度として一つの啓示を与える」と指摘した。ハーバードでは人種・民族的背景の優先は人数化されていなかった。「人種を一要素とみなす入学プログラムは、人種優先を与える巧みなより洗練された、しかしディヴィス校のプログラム同様に実効的な方法であることが指摘されてきた。」言ってみれば、人種的マイノリティを優先すると口にさえ出さなければ、好きなようにできるものであった。

認識の面では明瞭でなかったが、大衆の見方を見極めるパウエルの本能は、ハーバード方式を称えることで得るところが多いことを教えていた。パウエルはディヴィス校プログラムを無効とし、ハーバード方式を支持した。これは保守的な同僚たちからは切り離されていることを際だたせた。彼はディヴィス校の人種枠を無効とする点で彼らに加わったが、あらゆる人種的優先を認めないという立場には加わらず、ハーバードの例で具体化された点でリベラルな同僚たちの側に立った。

翌日、ブレナン判事は人種優先を支持するメモで応えた。ブレナンにとって決定的であったのは、ディヴィス校プログラムに反白人の汚点はないことであった。マイノリティに一六人枠を確保することは、一部の白人を不利にするかもしれないが、それは同案に白人に対して平等ではないという烙印を押すものではなかった。「バッキは入学許可を得られない多くの志願者のようにメディカル・スクール入学を認められなかったことは事実である。しかし彼は白人であるから画一的に不適格者とされたのでも、劣等の印を押されたのでもなかった」と、ブレナンは指摘した。

一二月九日、判事たちはお互いの意見の違いを徹底的に議論した。バーガー首席判事とレーンクィスト、スチュワート両判事は人種優先にあらためて反対を主張した。スティブンスは何度も考えが変わったと後に語ったが、公民権法第六編を根拠に同規定はディヴィス校プログラムを禁じていると考えるようになり、バーガー、レーンクィスト、スチュアートもこのアプローチに賛成した。ブレナンはホワイト、マーシャルとともに人種優先を支持する側に立った。ブラックマンは前立腺の手術の予後で欠席した。

パウエルは人種優先、ハーバード方式支持の意見草稿を会議に持ってきた。問題なのはディヴィス校プログラムで、パウエルは同プログラムを無効とするカリフォルニア州裁判所の判断を支持するものの、より限定された根拠に基づくことを明らかにした。この時、ブレナンはパウエルが一部支持、一部反対の立場をとるべきではないかと口をはさんだ。州裁判所はディヴィス校の人種枠を無効としたばかりではなく、入学にあたって人種優先はすべて禁じていた。パウエルはこの広い判断を支持するものではなかった。それで、なぜ同判断を覆す立場をとらないのか問われて、パウエルもブレナンの考えを採り、その後の草稿は、一部支持、一部反対の線でまとめられた。

議論の途中で、スティブンスは人種優先が恒久的解決ではなく、一時的手段として受け入れられると発言し、パウエルも同意した。それは人種に盲目な社会への移行の問題で、黒人はこうした特別なプログラムを必要としなくなるのもそんな先のことではない、とスティブンスは付け加えた。すると、黒人のマーシャルはもう百年でしょうね、と割り込んだ。この鋭い皮肉にパウエルは黙ってしまった。

ブラックマンは翌年一月に最高裁に戻ってきた。ブラックマンはすべての事実、先例、論議に精通しようと沈思黙考の時間を過ごした。他の判事を待たせるのはいつものことであった。

一九七八年四月一〇日、バーガーはパウエルに一緒にこのデッドロックを打破しようともちかけた。ブラックマンの一票がなくても、ディヴィス校で行われているアファーマティブ・アクションのその特別な方式には反対の五票がある。その意見はディヴィス校プログラムを無効とするに止めれば、ハーバードで行われているようなより穏やかな人種優先は結局許されることを広く示唆することになろう。バーガーはこう説得した。

しかしパウエルはバーガーの提案を断った。「この問題では最高裁は明確にあいまいなところなく言明すべきであると信ずる。」最高裁がどのようなアファーマティブ・アクションが許されるか明らかにすることなく、ディヴィス校プログラムを無効とすれば、「全米の大学は自由に人種を配慮できるとは考えないであろう。」

五月一日、やっとブラックマンはディヴィス校プログラムに賛成すると表明した。今や最高裁は真二つに分かれ、それぞれの側のバーガー首席判事と在任期間の一番長いブレナンがともにパウエルに法廷意見を委ね、パウエルは両者を左右するただ一人の少数派という奇妙な立場に立った。「四人のギャング」(と、ロー・クラークたちはバーガー、スチュアート、レーンクィスト、スティヴンスを呼んだ)と共に、人種優先にはより消極的な多数派を形成し、入学プログラムに人種を考慮することには他の四人と同調した。かくしてパウエルはただ一人であったが、その見解が国の法となるのである。

(2)　意見起草

一週間後、パウエルは法廷意見を回覧した。予想通り、誰もこの意見に加わらなかった(7)。脚注の一つがブレナンとのちょっとした議論を引き起こした。ブレナンはディヴィス校の人種枠が、別に白人に汚名をもたらすものではないので許容できるとずっと主張していた。これにパウエルはこう応えた。

「平等保護条項は『汚名』の点から形成されたものではない……人種を基に負担や利益を再調整するため州の課す分類はすべて、負担を課される個人には深い怒りを抱かせるであろう……こうした人たちは、耐えることを求められる権利剥奪が支配的多数派の一員であることの代償に過ぎず、そうした負担が他の人たちを助けるというおそらく慈悲深い目的につき動かされたものであるということを知っても、ほとんど慰めにはなりそうもない。肌の色や民族的出自から利益や特権を与えられるシステムの本来的不公正、そしてそれに伴う誤った取り扱いという観念を軽々しく念頭から追い出してはならない。

そのうえ、汚名という観念を劣等のレッテルを貼ることに限定することは、今世紀初期に若干の教育機関がユダヤ人受け入れで課された割り当て制のような分類を適切な審査に付するのを禁ずることになろう。ユダヤ人の場合の割り当て制は、そのグループが優れた能力のゆえにそうした教育機関を支配することになるという考えによるものであった。」

ブレナンの主張するように、憲法が人種の分類を劣等のレッテルを貼ることのみを理由に禁じているとすれば、ユダヤ人の割り当て制では何が間違っていたか説明するのは難しくなろう。これはブレナンの主張の弱点ではないのか。これに対し、ブレナンはパウエルにこう伝えた。「ユダヤ系市民への私の敬意や称賛は皆の知るところである。ユダヤ人へのかつての誤った扱いにパウエルが言及するのは私に対して、そして本件での私の意見に反対してなされるもので困惑している」と。パウエルはこの反応に驚き、「私が書いたことが『個人攻撃』であると同僚の一人が感ずるようなことは、すべて意見から排除する」と答えた。

六月末までには他の意見も書き上げられた。もっとも能弁であったのはマーシャルのそれであった。アメリカ初の黒人最高裁判事は自らの人種の想いと歴史の重みをもって意見を記した。その結論には誰も反論できないであろう。「今日、アメリカにおける黒人(ニグロ)の地位は何世紀もの不平等な取り扱いの悲しい、しかし避けがたい結果である。安堵や成就という基準で測れば、ニグロにとって意義深い平等は遠い夢のままである。」

四人の判事がさらに同様に考え、マーシャルがその主張で勝利を手にしたのは、皮肉なことに唯一の南部出身者で元人種差別主義者であり、強制バス通学の一貫した反対者で、その背景からアファーマティブ・アクション支持の決定的一票を最も投じそうになかった判事(パウエル)によるものであった。

(3)　判決宣告

判決は六月二八日に宣告された。法廷は満員ではなかった(8)。というのはこの事件の判決があるという告知はなかった。パウエル夫人も知らされなくて法廷に傍聴に来ていなかった。ブレナン、マーシャル、スチュアート、スティヴンスの夫人たちは姿を現した。当日、三件の判決があり、バーガーはバッキ事件を最初にもってこようとしてパウエルの反対にあった。二件はとるに足りない事件で、最重要の事件を最後にとって置こうということになり、一〇時を少し回って首席判事はパウエルに判決を読み上げるよう合図した。

パウエルはソフトな平板な口調で話し始めた。「私は最高裁の判決のみを告げます。最高裁は五人が全面的に加わる意見がありません。本件の事実はよく知られているものです。おそらくこれほど多くメディアが伝え、専門家がコメントしている事件は最近では記憶にありません。六〇以上の書面が本法廷に提出されました。法廷外の無数の主張者のアドバイスをメディアや解説書を通して受け取りました。本件は八カ月前審理に入り、明らかに全員一致が得られず、今日ここに発表しますようにこうしたアドバイスがすべて重要であったと申し上げるのがよいかと思います。」そして全判事の票が読み上げられ、「カリフォルニア州最高裁がバッキはディヴィス校メディカル・スクールへの入学を認められねばならないと判示した点で、これを支持します。同裁判所がディヴィス校に対し、入学の一要素として人種を考慮することを禁止した点では、これを覆します」と結論を述べた。

「この二点でどのように意見が分かれたか説明しましょう。これは自明ではないかもしれません。」こう付け加えたとき、静かな笑い声がさざ波のように法廷に広がった。当時、法廷意見を書いた判事はただ結論を告げるだけで、説明を一、二加えるくらいであった。しかしパウエルは全体像を示した後、自らの理由づけを説明した。人種による分類はすべて「本来的に疑わしく、最も厳格な司法的精査に服さねばなりません。」にもかかわらず人種優先制は、教育の多元性のうえから絶対に必要な州の利益を促すために使用することはできる。ディヴィス校の問題点は、マイノリティではない志願者はすべて一六人の枠から完全に排除してしまうことで、それは多様な学生層を実現するには必要以上の方法であった。ハーバード大学がその実現方法を示していた。他の大学の経験と比較して「ディヴィス校方式は合理的な教育の多元性を達成するには必要ではなく、人種あるいは民族的出自だけを問題とし、競争はすべて意図的に排除するものです。よって平等条項を最も基本的な意味で侵しています。しかし多くの大学ではうまくいっているような入学プログラムをディヴィス校が採る道は開かれています。」

パウエルの後、他の判事が意見を明らかにした。スティヴンスは公民権法第六編の自らの限定的解釈をてきぱき説明した。ブレナンは自らの黙認された見解を解説した。マーシャルは黒人に対する人種的不正行為の歴史を厳粛に詳述した。最後にブラックマンが自ら抱く確信について簡潔かつ能弁に語った。「人種主義を乗り越えるためには、まず人種を考慮に入れなければならない。他に方法はない。それゆえ人を平等に遇するためには、異なって遇しなければならない。（とはいえ）平等保護条項が人種優先を永続させることはできないし、あえてそうすることはない。」

各意見の表明には時間がかかった。ニューヨーク・タイムズの法廷担当のアンソニー・ルイス（Anthony Lewis）は「私は偉大な瞬間を目撃したが、五人の判事はその立場をそのドラマにそぐわない普通の言葉で説明した」と述べた。

4　多数意見と個別意見

(1) 法廷意見

法廷意見となったパウエルの長い意見は終わりの部分でこう述べている。「ディヴィス校の特別の入学者選考プログラムは本法廷がこれまで是認したことのない明示的な人種分類の使用を含んでいることは明らかです。このプログラムは黒人、アジア系、もしくはチカノでない志願者は、入学定員のうち特定比率の枠からは全体的に排除されていることを示している。」そしてこう続けた。「そうした志願者はその資格が、教育における多様性に対する貢献においてその潜在的力を含めて、量的にまた教科課程外で、どんなに強力なものがあろうと、その特別入学枠をより有利な集団の出身者と争う機会は決して与えられていない。同時に、より有利な志願者は全入学者枠でも争う機会を有する。」これは要するに「マイノリティの志願者には入学定員一〇〇人の枠が開かれているのに対し、白人志願者は八四人の枠で争うことができるだけである。この限定が割り当て制と言われようとゴールと言われようと、人種や民族的出自に基づいて画される一線である[9]。」

そして続けて、「州による利益の配分や負担の負荷が個人の肌の色や先祖次第であるとき、その個人は当該分類も実質的に州の利益を増進するうえから必要であるという証明を求める権利がある」として、カリフォルニア大学理事会は「この立証責任を果たさなかった」と指摘した。特別入学者選考プログラムは次の目的に役立つと主張する必要がある。①「メディカル・スクールや医師資格で伝統的に不利であったマイノリティの歴史的欠損を減少させること」、②社会的差別の結果に反対すること、③現在、医師が不足しているところで開業する医師数を増やすこと、④民族的に多様な学生層から生まれる教育上の利益を得ること。

しかしカリフォルニア州最高裁は州がメディカル・スクール志願者を選考するさい、人種を考慮に入れるのを差し止めた点で誤ったとパウエルは主張した。州が「人種や民族的出自を競合的に考慮に入れるような適切に考えられた入学者選考プログラムを採用するのは正当である。」たとえばハーバードが採っている人種を一要素とする方式である。ハーバードではマイノリティの志願者には人種が一つのプラスの要素と数えられるが、なお非マイノリティの志願者と競わねばならなかった。パウエルがあげた他の要素は「優秀な個人的能力、ユニークな仕事や奉仕活動の経験、リーダーシップ能力、人間的成熟度、思いやりの心の表れ、不利な立場を克服した経験、貧困者との交流の能力」であった。このすべてが学生の多様性を促すことができる資格であった。

しかしながら人種や民族的出自は、大学が多様な学生層という目標を達成するにあたって、適切に考慮に入れるさまざまな要因の一つに過ぎない。大学は誰が入学を認められるか微妙な判断を要する広範な裁量権をもたねばならないが、個人の権利を保護する憲法上の制限は無視してはならないのである。

「ディヴィス校メディカル・スクールの教授団が『社会的差別』の犠牲者とみなした一定のグループを援助するという目的は、被上訴人のような者に不利益を課する分類を正当化するものではない。彼は特別入学者選考プログラムの恩恵を受ける者が被ってきたと考えるいかなる害悪にも何ら責任を有しない」とパウエルは断言した。

メディカル・スクールへの被上訴人の入学許可を命ずる執行命令を受ける同人の権利に関しては、その違法な特別入学者選考プログラムがなかったとすれば、被上訴人がそれでも入学を許可されなかったであろうことを証明する責任を上訴人側は果たすことができなかったことを認めた。かくして被上訴人は命令を受ける権利があり、カリフォルニア州最高裁の判決のその部分は認められねばならない。これがパウエルの結論であった。

(2)　個別意見

バッキを全面的に支持した四人の判事を代表して、スティヴンスは大学の入学者選考政策で人種を一要素とすることに対する広範な疑問は、本法廷に解決を求めて提出されていないと主張した。「本件はクラス・アクションではないのである。バッキが上訴人側の特別入学者選考プログラムに異議を申し立て、カリフォルニア州最高裁はその異議を支持し入学許可を命じた。大学の特別入学プログラムが違法であるという州裁判所の見解が正しいのであれば、そしてバッキはその人種のゆえにメディカル・スクールから違法に排除されたのであれば、本法廷に提示されていない入学者選考プログラムの合法性に関するわれわれの見解のいかんにかかわらず、州裁判所の判決を是認すべきである。」そして「人種が入学者決定の一要因として常に使用できるかどうかの問題は本件では争点ではなく、その問題の議論は不適切であるのは全く明らか」であると述べた。

ただスティヴンスら四人はディヴィス校の入学者選考プログラムが公民権法第六編を文面上侵すものであり、その事実だけでもバッキの入学許可命令を正当化すると認定するがゆえに、何ら憲法解釈にかかわる必要はないと述べた。

ブレナンは多数意見の草稿であったかのように見える長い意見で、「本日の判決の中心的意義」として、次の見解を認める。「政府はいかなる人種グループも冒涜したり侮辱することなく、過去の人種的偏見によってマイノリティに投げかけられた不利益を救済するよう行動するとき、少なくともこの領域で行動する権限を有する司法、立法、もしくは行政機関によって適切な認定がなされたときは、人種を考慮に入れることがある」と述べた。そして「われわれはディヴィス校メディカル・スクールのアファーマティブ入学者選考プログラムが合憲であると結論する」という。

さらに「過去の社会的差別の結果を救済するというディヴィス校の明確な目的は、マイノリティが実体として、また継続的に代表されておらず、過去の差別のハンディからメディカル・スクールに進むのを妨げられていると結論づける十分な根拠があるところでは、人種を意識した入学者選考プログラムの使用を正当化するのに十分重要性がある」と述べる。

マーシャルは「カリフォルニア大学が使用するタイプのアファーマティブ・アクション・プログラムを中止するために最高裁が一歩踏み出す」のを糾弾して、奴隷制から人種隔離を通して、黒人への誤った対処の歴史的経緯を次のように総括した(10)。

「過去ほぼ二〇〇年間、本法廷が解釈してきた憲法は黒人への最も巧妙かつ邪悪なかたちの隔離を禁止はしなかった。今や、州がその隔離の遺物である結果を救済しようとする措置をとると、この同じ憲法が障害として立ちはだかるとは信じ難い。今日のアメリカのニグロの立場は、何世紀にもわたる不平等な扱いの悲惨な、しかし不可避的結果である。

私は大学がその入学者選考プログラムで人種を考慮するという最高裁の判断に喝采を送るものであるが、ニグロに対する数百年に及ぶ分類を基にした隔離の後、その隔離に対して分類を基にした救済が許されると判示することを最高裁が望まないのは少々の皮肉ではすまされない。

アメリカのニグロの経験は他の民族集団のそれとは、単なる程度においてではなく、種類において異なるものである。メルティング・ポットとしての偉大なアメリカの夢はニグロには実現されたことはない。肌の色の違いからそのポットに入ることさえ決してなかった」と、黒人判事の真情を吐露した。

またブラックマンも単独の意見で、「やがて『アファーマティブ・アクション』プログラムが不必要になり、本当に過去の遺物に過ぎなくなることを心から願う点で誰にも引けを取らない。いつか、アメリ力はこうした措置がもはや必要ない成熟した段階に達しなければならないし、そうなるであろう。そのとき人は個人としてみなされ、今日行っているような隔離は有益であるが、背後に残した歴史の醜悪な一つの特徴となろう。人種が意識される一要素であるプログラムをめぐって、われわれがこれほど振り回されるのは多少皮肉なことであるが、高等教育機関は、大学院レベルよりも学部レベルでいっそうそうであるが、優秀な運動能力を有するもの、卒業生の子弟、多額の寄付をする金持ち、名士、有名人、有力者とコネのある人などにある点まで優先権を認めてきたという事実に気づかされるのも皮肉である。」こうやや自嘲を込めて記している。

そしてブラックマンはアファーマティブ・アクション・プログラムを「人種に中立な方法で」問題なく作成することは不可能ではないかと思うと述べた。「人種主義を乗り越えるためには、まず人種を考慮しなければならない。他に方法はない。」

ホワイトも単独の個別意見で、バッキが隔離から自らを守るため公民権法第六編に訴え、個人として提訴する権利を有するかを問題にした。彼にはこの一見して技術的でやや時代錯誤の問題に目を向けた唯一の判事であった。

5　判決への反応

ニューヨーク・タイムズは判決翌日「誰が勝ったのか?」とする社説を載せた⑾。この判決を受けて「黒人やその他の被差別集団が『白人野郎』がまた勝ったと結論を飛躍させれば、重大なダメージがもたらされよう。」逆に「責任ある立場の偏見と悪意に満ちた白人が、人種的・民族的『割り当て制』が違憲とされたとのみ読めば、差別が新たな天国を見出すであろう。」しかし「歴史的な不正義を正す意思がいっそう広く抱かれることになれば、最高裁はアメリカの夢へ向けて作用する手段をわれわれに託した」と考えられるととらえた。

判決では「五人の判事がメディカル・スクール入学許可のような社会的利益の配分にあたり、人種や民族を重視するのは合憲と判示した。残る四人の判事はこの点には沈黙を守り、本件を憲法に触れることなく判断した。」それゆえ「アファーマティブ・アクションは最高裁の引いた一線を十分配慮して続けられる。すなわちマイノリティは、人種のうえから彼らにのみ留保された別のドアからではなく、チャンスというドアを通して助力を得る」と述べる。もっとも、「正当な救済と正当化されない人種主義との一線をいかに画するかが最高裁の本質的な問題であった」とみなす。

ここで「アラン・バッキはその名が付けられたこの事件では争点ではなかった」としながら、さして長くない文章でバッキについてわざわざこう紹介している。「彼は立派な推薦がありながら、不当にも、おそらくその年齢(現在三八歳)のゆえに、一〇のメディカル・スクールから入学許可を得ることができなかった。カリフォルニア大学ディヴィス校メディカル・スクールで、二元的入学者選考システムに直面し、同校では定員一〇〇人中一六人は黒人、チカノ、アジア系に実際に留保されていた。彼は一六人の枠への接近で欺かれたと感じて同校を訴えた。」ここにはバッキへの嫌味が込められているように読めなくもない。

さて、「最高裁がこれまで人種隔離の存在しなかったそうした教育機関で正当化できないと認定したのは、マイノリティ用のこうした露骨にレッテルの貼られた分離の扉である」という。そしてパウエル判事は「ハーバード大学のあまり粗野でない入学者選考プログラムが望ましい」と明らかにし、彼のみが「ディヴィスとハーバードの憲法上の違いは大きいと認識した」と指摘する。

最後にこの社説はブラックマン判事の意見を引き、最終的な問題は「資格のある者の中から、どうやって選ぶか」であり、「最終的な答えは今も、良心をもってである」と結んでいる。

全米の教育関係者は最悪の恐れから免れ、大抵の入学者選考政策は継続できるとして、概ね判決を歓迎した。コロンビア、ハーバード、ペンシルヴァニア、スタンフォード大学連名で提出された「裁判所の友」書面は、「最も刺激的な知的環境」を達成するため、入学者選考に「課外活動、就職の経験、地域的分散のような要因が伝統的に考慮に入れられてきた」ことを指摘し、「マイノリティ・グループの一員」

もそうした多様性の一要因と見なしていると記した。

同書面に言及したパウエルがモデルとしてあげたハーバードの場合、同大の広報当局者によると、同年秋学期の一二七一〇人以上の志願者のうち、一六二八人をハーバード、ラドクリフ大学の入学者として選考した。そのうち八・一％が黒人、五・七％がアジア系、四・六％がヒスパニック、〇・四％がネイティブ・アメリカンということであった。

「裁判所の友」書面でも明らかにされたように、ハーバードのシステムは最初の一五〇人程度が学力のみによって選考されるに過ぎない。「入学定員のうち、黒人、音楽家志望、フットボール選手、医師志望、カリフォルニア州出身などに目標割り当て数を設定したことはない。」ただ黒人の場合、音楽家志望者や医師志望者と異なり、少ない人数では孤立感を抱くと思われ、意義ある数の入学許可を与えるよう努力する。「しかしそうした認識から、委員会が黒人について最小限一定数を設定することを意味するものではない」ことを強調する。

こうした訴訟の背景には、六〇年代後半からアメリカの教育が、機会の平等を推進することができなくなったと主張する人たちからの強い批判の対象であったことがあげられる。一九六五年以来、一〇年間で大学入学者数は倍増し、六〇〇万から一二〇〇万人になった。数の増加以上に、人々が教育機関を利用するその方法に大きな変化があった。生涯教育という観念が多くの人々をとらえた。事実、大学生のほぼ三分の一が働きながら通学しており、三六％が二五歳以上であった。そんな中でマイノリティの若者にとって大学への機会の拡大は際だっていた。一九六五年から一九七七年の間に黒人大学生数は二七万四千人から一一〇万人に四倍となったのであった。そこに競争の歪みがあった。

ところでバッキは医学部卒業後、ミネソタ州ロチェスターで麻酔専門医をしている[12]。バッキ判決はマイノリティの大学入学にその後、影響を与えたのであろうか。ロー・スクール、メディカル・スクールに入学する黒人の比率は、実はバッキ以前とさして変わらず、五、六パーセントである。他の大学院や専門的な大学ではもう少し高い割合である。実質的な壁となっているのは、黒人の学部入学者はほぼ一〇〇万人のレベルであるが、高校卒業後六年以内に大学を卒業する比率が白人の半分の一〇パーセントほどであり、それが大学院や専門的な大学への進学者数の伸びを阻んでいることである。また黒人大学が伝統的にマイノリティ学生の募集に熱心で奨学金も提供していることもあり、黒人の中には社会的に気楽なところで学ぶのを好み、地方の小さい白人のコミュニティにある大きな州立大学を、黒人は孤立することを予想して敬遠する傾向にあるのも統合を妨げる障害となっている。

社会は全体として人種優先に心穏やかではない。二一世紀を迎えて、人種割り当て制をめぐる議論はいっそう激しくなっている。

第2章　最高裁の歴史

1　建国期の最高裁

一七八九年九月二四日、裁判所法が成立し、ワシントン大統領は同日、最高裁首席判事に旧友のジョン・ジェイ(John Jay)を任命した(1)。最高裁の発足にさいしては、制度としての明確な特色もなく、最高裁判事のなり手も少なく、全く先行きの定かでない船出となった。建国の祖父たちも、連邦司法府に何を期待したらよいか分からなかった。一七八七年の憲法制定会議の代議員たちも、新しい連邦司法府の性格についてはほとんど議論していない。憲法の司法の章は議会や大統領の規定に比べてはるかに簡単で、その仕組みの完成は議会に委ね、また暗黙のうちに最高裁自体に委ねた。ハミルトンは三権のうちで司法権が最も弱い部門になると予言した。しかし彼は同時に人民に選挙される立法府や行政府の定める法令が憲法に抵触すると最高裁が考えれば、無効とする恐るべき権力を握るであろうと予想した。

その予想はともかく、最高裁の初仕事は一七九〇年二月一日とされ、ジョン・ジェイ首席判事と他に二人の判事が最高裁とされたニューヨークの取引所に到着しただけで、初仕事は翌日に延期された。次の日にはもう一人の判事と司法長官が到着したが、ついに残る二人の判事は現れなかった。最高裁の仕事は主として最高裁で弁論を行う弁護士に資格を与えることぐらいで、一〇日間で幕となった。

第二回は八月に開かれ、このときは二日間で終了した。この年遅く、首都がニューヨークからフィラデルフィアに移り、最高裁はインディペンデンス・ホールかオールド・シティ・ホールで開かれた。一八〇〇年に首都がワシントンDCに移るまで市長裁判所と共用であった。

最高裁判事のポストに人気がなかったのは、巡回裁判を課されたからでもあった。初めは東部、中部、南部の三巡回区に分けられ、最高裁判事は二人ずつが、それぞれ担当する巡回区で地方裁判所裁判官とともに年二回、上訴審としての仕事があてがわれた。巡回は、できたばかりの国の市民が最高裁というものを少しでも知るようになる重要な手段であった。しかし判事にとっては大変な任務で、「旅に明け暮れ、宿屋に泊まり、家族と遠く離れて過ごす」ことは耐え難く、そのため早々と辞任する判事も相次いだ。そのうえ巡回は最高裁判事の威信を損なうものでもあった。というのは巡回裁判官として下した判決が、最高裁の全員法廷で覆されることがあったからである。

ジョン・ジェイもイギリス公使になるため辞任し、後に再度就任を求められたとき、「これほど欠陥のあるシステムの下で、連邦政府に適切な支持を与えるために不可欠な活力、重要性、威信を最高裁が手に入れることができるとはとても信じ難く、国の正義の最後の拠り所として、最高裁が有すべき公の信頼と敬意を勝ち取ることもまたないであろう」と言って断った。

ワシントンに移ってからも最高裁は転々とすることになった。だいたいは議事堂内の一室で、巡回裁判所やコロンビア地区孤児裁判所とも共用であり、議事堂改修中は近くの居酒屋が使用されたこともあった。一八二四年にある新聞記者はこう描写した。「最高裁は、その威信にふさわしい格式を備えたものでも議事堂の他のホールに比肩するものでもなかった。そもそも最高裁に行くには地下室に降りていくようで、一階北側の人目に付きにくいところにあった。そこにたどり着くまで迷路をさまよい、迷宮の女神の聖域へ誘うアリアドネの手を借りる必要があるほどであった。初めての者は、アメリカの正義が行われる隔絶された一角を見つけられずに、議事堂の暗い通路を一週間もさまよい続けることになろう。」今日、議事堂の一階に保存公開されている旧上院議場に、最高裁は一九三五年まで四分の三世紀にわたって置かれていた。そこを見つけるのもなかなか一苦労である。

最高裁が議事堂内に置かれるようになると同時にジョン・マーシャル(John Marshall)が第四代の首席判事に就任し、一八三五年まで三四年間最高裁を率いることになった。マーシャルは手続き規則を定め、最高裁の威信を高めることに腐心し、この頃になると判事たちも最高裁に腰を据えるようになった。一九世紀前半に就任した一九人の判事の中一五人が一五年以上、その職を務めた。

マーシャルは開廷期中は全判事が同じ宿舎に泊まることで「法廷の調和」を維持しようとした。口頭弁論を開いた一日が終わると、判事たちは夕食を共にし、食後、事件の議論を始め、マーシャルは全員一致を達成するためにこの機会を利用した。全員一致の判決が最高裁の威信を高めることを十分認識していた。こうして個別意見を表明するのを思いとどまらせ、反対意見を調停しようとした。マーシャルは首席判事としての特権を十分に活用し、公開法廷を主宰し、議論をリードし、非公開の会議では手順を指示し、法廷意見は自ら執筆するか、他の判事に割り当てるかを決定した。彼の個性も最高裁を結束させるのに大いに役立った。独創的で鋭敏で、厳格だが愛想良く、そして謙虚であった。同僚判事は彼のフェデラリスト哲学を共有した。一八〇三年のマーベリィ対マディソン事件(Marbury v. Madison)はまさにマーシャルの首席判事としてのリーダーシップが発揮された判決であった。

2　マーベリィ対マディソン事件と司法審査

この事件の背景にはフェデラリストとリパブリカンの対立があった(2)。一八〇〇年の選挙でジェファソンが大統領に当選し、リパブリカンが勝利を占め、勝者たちはそれまでリパブリカンの抑圧に熱心に加わっていた司法府には激しい不信感をもってワシントンに乗り込んできた。これに対し、フェデラリストたちはジェファソンが憲法それ自体を破壊することを厭わず、その準備に怠りない危険な急進派であると考えていた。政権を離れるフェデラリストたちが事態を一層悪化させたのは、議会が一八〇一年巡回裁判所法を制定して、新しく加わったケンタッキー、テネシー、ヴァーモント州のため巡回区を改めて六つとし、若干の連邦地裁も創設したことであった(3)。これら新しい裁判所は裁判官とこれを支える検察官、廷吏、書記官を必要とし、アダムスはその任期の最後の六カ月に二〇〇人以上を任命し、最後の二週間で一六人の裁判官が上院の承認を得た。立法府と行政府を失ったいま、フェデラリストは終身制で守られている司法府だけは、自派で固め、その支配権を維持しようとしたのであった。

さらに重要なのは、一八〇〇年一二月に第三代の首席判事でフェデラリストのエルズワース(Oliver Ellsworth)が辞任し、アダムスは新しい首席判事を任命することになった。彼はそのポストに初代の首席判事であったジョン・ジェイを据えたが断られ、国務長官で熱烈なフェデラリストのジョン・マーシャルを指名して、上院は一八〇一年一月に国務長官のまま任命した。一方、議会は首都となったばかりのワシントンに田舎で人口も少ない地域には多すぎる四二人の治安判事のポストを新設した。アダムスは執務室を明け渡すまで、治安判事の辞令の署名に手が回らず、かくして彼らの任命は真夜中となり、そのことから彼らは「真夜中の裁判官」と呼ばれることになる。アダムスが署名を終えるや、直ちにまだ国務長官であったマーシャルに辞令書が回された。

マーシャルは副署して国の公式の押印をしたものの、任命された当人たちに手交することはできなかった。もっともマーシャルは後に、辞令は署名も押印も終わっていて、手交は治安判事就任の要件ではないと主張した。翌日、大統領職に就いたジェファソンはこれを知って激怒した。治安判事にフェデラリストが任命されたことのみならず、その数の多さに不快感を表した。それで三〇人には辞令の手交を認めたが、一二人にはこれを認めなかった。一八〇一年の秋に、そのうちの四人が辞令の交付を求めて最高裁に提訴した。ウィリアム・マーベリィはその一人であった。マーベリィの提訴の相手はジェファソンの国務長官マディソンで、彼が辞令を交付する責任者であった。かくしてマーベリィは最高裁に対し、辞令を交付するようマディソンに命ずる執行命令を求めたのであった。その根拠は一七八九年裁判所法一三条にあった。「最高裁……は、法の諸原則や諸慣例が保障する場合に、合衆国の権限の下で、指定された裁判所もしくはその地位にある人に、執行命令……の発給をなす権限を有する。」

新大統領は前任者のこの手落ちをつくろう気はさらさらなく、ジェファソンはその状況を後年、こう説明した。「オフィスに入る途中、国務長官の机に辞令を見つけ、その交付を禁じた。行政府にあるものはどんなものも、大統領の手中にあるのは確かで、この場合、実際に私の手の中にあった。というのはまだ国務長官は任命されていなかったのだから。」リパブリカンはマーシャル首席判事および他の陪席判事がすべてフェデラリストで、必ずマーベリィに有利な判断を下すであろうと考えて、最高裁の行く手を少なくともしばらくは妨げようとした。提訴があって間もなく、リパブリカンが多数を占める議会は最高裁も置かれている議事堂の建設が終了していないことを理由に一年間、最高裁の開廷を延期させる措置をとった。

一年後、最高裁は国務長官マディソンに行政府を代表して証言するよう出廷を命じたが、彼はジェファソンの指示でこの命令を無視した。これはマーシャルとその最高裁にとって苦しい展望なきディレンマに陥らせた。マーベリィに味方して辞令の発給を命じても、再びジェファソンはマディソンにその命令を無視させることは確実で、そうなれば最高裁は執行命令を強行することもできないことが露呈し、司法の威信は揺らぐことになる。実際に、議会は判事たちを弾劾するかもしれなかった。他方、最高裁がマーベリィを支持せず、執行命令を発することを拒否すれば、法の支配を強行する権限を欠くように思われ、最高裁の威信はやはり弱まるか地に墜ちることになる。結果は、ジェファソンを助け、彼に安堵を与え、「真夜中の任命」に対する非難に勢いを与えることになろう。

しかしマーシャルはこの危機に耐える力があった。一八〇三年一月の最後の評議を経て数週間後に、最高裁全員一致の判断を下した。マーシャルはこのケースを基本的な三点に集約した。第一点はマーベリィが辞令を要求する権利を有するかである。マーシャルはこれを肯定した。マーベリィは正当に任命されており、辞令も正しく準備された。辞令が手交されていないということは重要ではない。第二点はマーベリィにその権利があり、それが侵害されたとすれば、この国の法は彼に救済を与えることができるのか。再びマーシャルは肯定する。この国の法はマーベリィに辞令を得るため提訴する救済を与えている。ここまではマーシャルはマーベリィの側に立っているように思われる。第三点、マーベリィは求める救済を得る資格があるか。すなわち最高裁に執行命令を求める資格があるか。これに対するマーシャルの答えは大変複雑であった。まず彼は執行命令が正当な救済であるという。同命令はジェファソン政府に法に従ってその職務を果たすよう命ずることになる。

しかしながら、彼はこのケースでは最高裁は執行命令を発することはできないと判示した。すなわち、裁判所法一三条はマーベリィのような当事者に執行命令を最高裁に求める権利を与えた。同規定によると、最高裁はそうした事件で「第一次管轄権」を有する。「第一次管轄権」とは下級裁からの上訴についてではなく、直接に事件を受理する権限を意味する。ところでマーシャルが指摘するのは、憲法は最高裁が第一次管轄権を有する事件を明記しているという。執行命令を求める事件は憲法の掲げるリストの中にないのである。かくして裁判所法と憲法の間に矛盾がある。そして憲法が議会の制定法と対立する場合、憲法が「国の至高法」である。よって裁判所法のその部分は違憲である、とマーシャルは結論した。

ジェファソン派との正面衝突の危機は管轄権の否定で回避された。しかし同時に辞令が違法に留保されていると宣言し、最高裁が行政府の行為を容認するという印象を払拭した。さらに、マーシャルはこの機会をつかんで、司法審査原理を提示した。司法審査は裁判所、とりわけ最高裁が、法律が憲法に一致しているか否か決定するため、その法律を審査する。「何が法であるかを述べるのは司法府の職務である」とマーシャルは主張した。かくして憲法には規定のない司法審査権が最高裁の判例によって確立された。

3　ドレッド・スコット事件と南北戦争

マーシャル・コートの後を受けたターニー(Roger B. Taney)・コートは、マーシャルのリーダーシップの下で広げられた連邦権限を、州と均衡させることにつくした(4)。ターニー・コートによる憲法解釈の修正は漸進的に進み、最高裁の威信の増大をもたらした。

最高裁はそれまで奴隷問題はなんとか回避し、その問題に触れる事件はすべて、限定された理由をもとに判断してきた。しかし今度はターニー自身の州権論的指向から、自らの一徹な司法観をもってこれに介入した。それがドレッド・スコット対サンフォード事件(Dred Scott v. Sandford〔一八五七〕)である。奴隷のドレッド・スコットはヴァジニア州に生まれ、奴隷主と共にミズーリ州セントルイスに移り、一八三三年にジョン・エマソン(John Emerson)軍医に売られた(5)。エマソンは軍務でその後、スコットを連れてあちこちを移動したが、その中には自由州のイリノイ州やウィスコンシン准州も含まれていた。ウィスコンシンに滞在中、スコットはハリエット・ロビンソン(Harriet Robinson)と結婚し、彼女の所有権もエマソンに移った。エマソンは一八三八年ルイジアナ西部へ軍務で旅行し、エリーザ・イレーネ・サンフォード(Eliza Irene Sanford)と結婚した。一八四二年、軍はセミノール戦争でエマソンをフロリダへ派遣し、夫人と奴隷は彼女の実家もあるミズーリ州セントルイスに留まった。翌年、エマソンは帰ってきてその後まもなく死亡した。奴隷は女主人の下で働き続けた。

一八四六年四月六日、ドレッド・スコットとハリエット・スコットはセントルイス・カウンティの巡回裁判所にエマソン夫人に対して自由を求める訴訟を起こした。イリノイ州法は奴隷を禁止し、ミズーリ州の南側境界線より北の、ルイジアナ購入による領土は、一八二〇年ミズーリ互譲法で自由を宣言していた。スコットはミズーリ州にあって、裁判所に現在の主人を訴え、自由の地域への旅行が自由人にしたと主張した。ミズーリ州の多くの先例によると、奴隷が自由州や准州に逗留した後、ミズーリ州にもどれば自由になる資格があり、同州の確立された法原則は「一度自由になれば、ずっと自由」ということであった。事実、一八四七年に公判が開かれたさい、もし伝聞証拠の問題が誤判を命ずる判断に終わっていなければ、スコットは解放されていたであろう。

一八五〇年に審理が行われ、その問題は訂正されて裁判所はちゅうちょなくスコットに自由を命じた。しかしながら三年の遅延が審理を致命的なものとした。この間にエマソン夫人が再婚して夫とニューイングランドに去り、セントルイスにおける問題は兄弟の実業家のジョン・サンフォード(John Sanford)の手に委ねられた。裁判所がスコットの自由を宣したとき、サンフォードはそれまでの滞った賃金を払わされる可能性が発生し、エマソン夫人を代理してミズーリ州最高裁へその判断を覆すよう求めて上訴した。上訴の間に、ますます厄介な問題となった奴隷という争点を伴う事件は、普通の自由を求める訴訟から悪名高い事件になっていた。一八五二年州最高裁は「時代は今やかつてと同じではない」と主張し、ミズーリ州法をよその州の奴隷反対派が命ずるものではないと挑戦的に宣言して、下級裁の判断を覆した。

スコットの弁護士たちは、州の最高裁は「一度自由になれば、ずっと自由」という原則をどの程度、覆すことができるのか明確にするため、連邦裁判所に新たな訴訟を提起した。エマソン夫人の兄弟が被告に指名された。というのは、彼のニューヨークの住所が異なる州の市民間の連邦が扱う事件を可能にしたのであった。

サンフォードの弁護士たちは、スコットが連邦裁判所に提訴する当事者能力に加えて、黒人が合衆国の市民であることを主張しているという点を争点として提起した。同じくらい厄介なのは奴隷賛成論者たちが一八二〇年ミズーリ互譲法の合憲性に異議申し立てたことである。奴隷を准州で禁ずる議会の権限は長らく確立されていたが、サンフォードの弁護士たちは今や、奴隷が合衆国憲法で保障されている私有財産であって、それゆえ議会は准州で奴隷を禁止することはできないという極端な奴隷賛成論を主張した。争点はもはやミズーリ州がドレッド・スコットを奴隷の地位に引き戻すかではなく、そもそもスコットは自由であったかということであった。争点はきわめて議論の多い微妙なもので、最高裁は両当事者に一八五六年二月と、また引き続き一二月に弁論するよう求めた。

はじめ、最高裁はミズーリ州最高裁がその州法について最終的判断権を有し、連邦裁判所は本案を別個に審理する必要はないことを確認しようと準備した。ネルソン(Samuel Nelson)判事が論議の多い実体的な奴隷問題を回避する法廷意見を記すよう指名された。しかし時の勢いは最高裁にどんな政治制度もできなかったことを司法的に解決する圧力をかけた。ジョージア州出身のウェイン(James M. Wayne)判事はそれまで回避していた争点を扱う新しい法廷意見を提案した。裁判官会議で僅少差の五人の多数派が、彼らはみんな奴隷州の出身であったが、ウェインの提案に賛成し、ターニー首席判事が新しい法廷意見を記し、一八五七年三月六日に宣告した。判決は判事たちが七つの個別意見を読み上げ、二日に及んだ。

最高裁の判決は七対二に分かれた。ターニーの法廷意見は、スコットがいくつかの理由から依然奴隷であると宣言した。第一に黒人は州の市民となることはできるが、連邦裁判所に提訴する権利を有するような合衆国の市民ではない。それゆえスコットの提訴は、最高裁が管轄権を欠くがゆえに却下される。第二に、スコットはそもそも自由になったことはないので、依然奴隷である。議会は准州で奴隷制を禁止したり廃止するとき、その権限を踰越している。なぜならそうした権限は憲法から推論することはできない。そのうえ奴隷は憲法が保障する財産である。したがってミズーリ互譲法は無効と宣言される。最後に、自由州や自由准州でかつての奴隷の地位がどんなものであろうと、奴隷が自由意思で奴隷州へ戻れば、その地位はその州の裁判所が解釈する州の法律に基づく。ミズーリ州最高裁がスコットを奴隷と宣言したからには、それが連邦最高裁の認める法である。

最高裁判決は暴力的反応の引き金を引いた。奴隷反対勢力は、いたるところで奴隷制を正当化することになる次のステップを恐れた。同勢力は最高裁に対する激しい攻撃を加え、ターニーの意見はほとんど傍論であると非難し、個々の判事の廉直さを疑い、司法の奴隷支持の陰謀をほのめかしさえもした。最高裁が奴隷問題に介入したことで、多くの人たちが奴隷についてのいかなる妥協も今や不可能と考え、北部と南部は南北戦争へ容赦なく突き進んだ。その意味ではターニーの意見はとがめられるべき司法的技巧の典型を表し、法理論に拘泥して政治的視野を欠いていた。なおドレッド・スコットはその後の激動を見ることはなく一八五八年に死亡した。

4　ニューディール立法と最高裁

タフト(William H. Taft)が一九二一年、首席判事に就任すると、最高裁独自の建物の建設に意欲を示した[6]。彼は最高裁の威信と独立性を象徴する建物を心に描いていた。精力的に議会ロビー活動を行い、一九二五年には上院に対し、建設資金を予算に計上するよう説得した。かくして大理石の神殿造りの現在の最高裁が一九三五年、一〇〇〇万ドルをわずかに欠ける費用で完成したが、タフトはこの建物を目にする前に亡くなった。

地上四階のこの建物は大理石がふんだんに使用され、それはヴァーモント、アラバマ、ジョージアなどアメリカ各地から切り出され、またイタリア、スペイン、アフリカから集められたものである。正面の大理石の階段を上り、重い扉を通り抜けると、正面奥に法廷が控えている。法廷と四つの中庭を取り巻いて、判事たちの執務室がある。それぞれ三、四室が一続きで、判事の中には引退した後も引き続き使用することもある。会議室、オフィス、専用食堂、図書館などが上の階を占め、最上階の半分はバスケット・ボールのコートになっていて、「この国の最高のコート」と呼ばれたりもする。ロー・クラークたちやプロ・フットボール選手でならしたホワイト判事もときどきプレーに興じた。今はオコナー(Sandra Day O'Connor)判事と二〇人ほどの女性職員が毎朝エクササイズ・クラスを開いている。一階はバーガーが首席判事のとき一般に開放され、最高裁の歴史を示す写真などが展示され、奥の一角では最高裁の仕事を紹介するビデオがいつも上映されている。ワシントン観光に疲れた観光客にはお薦めのカフェテリア、最高裁歴史協会の記念品販売コーナーも開かれている。地下は判事たちの駐車場と最高裁印刷所、ランドリーなどがある。

その完成したばかりの建物は、タフトが心に描いたように、アメリカ政治におけるそれまでとは異なった最高裁の役割を象徴することとなる。タフトの後を継いだヒューズ(Charles E. Hughes)は六七歳という最高裁裁判官としては最高齢で一九三〇年二月二四日に就任した。アメリカはちょうど大恐慌にとりつかれていた。最高裁もきわめて重要な多くの事件の処理に直面していた。経済問題を争点とする事件で首席判事ヒューズは矛盾した立場をみせた。このあいまいさは最高裁が大統領のニューディール改革の多くに反対の判断を下したときに起きた大統領フランクリン・ローズヴェルトとの対決によるものであった。

ローズヴェルトは一九三六年一一月、圧倒的多数で再選され、選挙戦の騒ぎも鎮まるか鎮まらないうちに、ちょうどジェファソンが一八〇一年にマーシャルとそのフェデラリストの同僚にねらいを定めたように、敵対的な最高裁に自らの注意を向けた(7)。ローズヴェルトは連邦裁判所が陥っていると推定される過重な事件負担に対処するという名目から司法改革案を議会に提出した。同案はなかなか引退しない七〇歳以上の判事を補う新しい判事を任命することができるようにするものであった。引退は憲法が判事の任期を「過誤なき限り」保障しているため、もちろん強制することはできなかった。重要なのは同案が六人の新しい最高裁判事の任命を認め、かくしてニューディール計画の支持を確実にすることを大統領に許すということであった。同案は「コート・パッキング（最高裁詰め替え）案」と呼ばれ、制限政府というあいまいで微妙な均衡にあるアメリカの伝統がこの法案で致命的に危険にさらされるといっても過言ではなかった。ローズヴェルトは圧倒的な信任投票を受けたばかりで、議会ではその重要な要求が一つも拒否されたことのなかった大統領がそれを提出した。この脅威に怒りをもっていた六人の判事でさえ数カ月は不安な思いであったに違いない。

ヒューズは同僚判事のほとんどと同様、レッセ・フェール（自由放任）立憲主義を信奉していた(8)。この立場がニューディール立法のＮＩＲＡ（全国産業復興法）に対して一九三五年に、またＡＡＡ（農業調整法）に対してはその翌年に違憲判決として表された。しかしローズヴェルトが一九三六年大統領選挙で再選を決め、翌年二月五日にコート・パッキング案を発表する前、ヒューズは、ロバーツ（Owen J. Roberts）判事とともに憲法解釈の変更を促した。最高裁は実体的デュープロセスの強調をやめ、立法府によって表明されたものとして人民の意思に委ねることとなった。この変化はパリッシュ事件（West Coast Hotel Co. v. Parrish〔一九三七〕）のヒューズの法廷意見が示している。最高裁は同判決の九カ月前に違憲としたのと同様の州最低賃金法を今度は一転して支持した。パリッシュ判決は最高裁がワシントン州の女性労働者の最低賃金法を支持して、立法府による経済規制への最高裁の敬意の先駆けとなった。かくして最高裁は十分な賃金の支払いを得ていない女性労働者にとって絶対に必要な政策を承認した。しかしながら、女性の最低賃金保証は性差理論に基づくもので、女性の雇用を妨げることを理由に、多くのフェミニストが最低賃金法に反対した。

これより先、一九〇五年の Lochner v. New York では最高裁はパン職人の長時間労働を規制する法を、雇用主と被用者の契約の自由を州はデュープロセス（正当な法の手続）によらないで奪ってはならないとして違憲としていた。しかしながら一九〇八年、ムラー事件（Muller v. Oregon）では女性労働者の労働時間を制限する法を支持した。その理由は女性が子どもを産むというその中心的役割から、女性の健康こそ将来の世代の安寧に本質的であるから、州は女性の雇用状況に対する規制により大きな利益を有するということであった。ところが女性労働者について最高裁は長時間労働禁止法と最低賃金法を区別し、アドキンス事件（Adkins v. Children's Hospital〔一九二三〕）では婦女子の最低賃金法は契約の自由を侵すと判示した。モアヘッド事件（Morehead v. New York ex rel. Tipaldo〔一九三六〕）でも最高裁はアドキンス判決を援用して、女性の最低賃金法を違憲としたのであった。

それから九カ月、パリッシュ事件で最高裁はアドキンス判決を覆した。ヒューズ首席判事は五人の多数意見を代表し、契約の自由の概念は無制限ではないと主張した。「この自由とは何か」とヒューズは問う。「憲法は契約の自由について何ら触れていない。」憲法は自由を保障するが、それも社会の利益において合理的規制に服する。ヒューズは契約の自由を制限する州権は女性を保護する労働規制の領域でとくに明らかであることを認定した。彼は、ムラー判決に依拠して、女性の肉体的構造と母親としての役割が「子孫の体力と活力を維持する」ために女性を保護することを州に要請すると主張した。ヒューズは労働時間の制限法と賃金規制法とに差異を見出すことはできなかった。被用者に生活賃金以下しか支払わない良心のかけらもない雇用主の労働者酷使を州立法府は規制することができることを示唆した。かくしてヒューズは立法府の判断に敬意を払う態度をとり、立法府は政策が恣意的であったり気まぐれであったりするのでない限り、労働者保護立法を制定する権限があることを示唆した。

これに対し、サザランド(George Sutherland)判事は激しい反対意見を書いた。一つには男女が平等であること、そして男女を契約の権利に関連して異なった取り扱いをする立法は、結果として恣意的差別を構成すると主張した。

ロバーツ判事はモアヘッド判決では多数派に与したが、パリッシュ判決で五票目を与えたため、判決における彼の役割が多くの注目を集めた。ロバーツが態度を変更したのはローズヴェルト大統領の圧力に対応したものであったのか、いろいろ推論されている。二つの要因がそうした結果に作用していると考えられる。第一に、ロバーツはアドキンス判決で実体的争点については意見を表明せず、モアヘッド判決の多数意見はきわめて狭い理由に依拠するがゆえに、自己の立場を変更したことはないと主張することができた。第二により重要なのは、パリッシュ判決の票決は一九三六年一二月に行われ、コート・パッキング案以前で、ロバーツは最低賃金法を支持する一票を投じた。よってコート・パッキング案はロバーツの投票に直接影響を与えたようには見えない。しかしながら最高裁への厳しい批判がコート・パッキング案より前からあり、かくしてパリッシュ判決のロバーツの一票はある程度、時代の関心と圧力に応えたもののようである。

その間、コート・パッキング案をめぐる論議が議会で、また世論の場で厳しく闘わされた(9)。大統領の提案を遂行する推進力は一連の合憲判決の後も続いたが、その力の多くをそがれ、またその主張の論拠はもっと失われた。結局、同案は失敗に帰し、政府の敗北は最高裁の構成に対してアメリカ人が認める威信の重要な証明となった。最高の政治家がその人気の絶頂で揮う影響力も、司法審査を排する計画を遂行するには十分ではなかった。しかし最高裁の擁護者は自己満足に浸り続けることはできなかった。最高裁の対応が自らを救う助けとなった。そうした危機の数カ月を経て現れる憲法理論は全く変わったものとなった。最高裁のアメリカ政治との関係は根本的な変化を被った。おそらく判事自身も認識しなかったであろうが、自らの態度変更が大きな方向転換につながった。ひとつの憲法時代が終わって、新しい時代が始まったことが明らかとなる。南北戦争が国民国家の抗争の下にある基本的問題を解決したように、大恐慌とニューディールも経済規制の基本問題を解決した。もちろん国民がレッセ・フェールに反対する基本的決定をなした後でさえ、重要な経済上の争点は決定されないままであったが、最高裁はそのかたくなさによって役割を果たすには適格ではないことが明らかとなった。一九三五〜三六年の一二回の違憲判決は司法自己抑制をかなぐり捨てた現れで、自ら歯止めを見出すことはできなかった。

5　ウォレン・コートとブラウン判決

アール・ウォレン(Earl Warren)は一九五三年一〇月一四日、最高裁首席判事の執務室に初めて入ったときの印象をこう記している(10)。「そこで私は前任者ヴィンソン(Fred M. Vinson)の秘書マクヒュー(McHugh)夫人に出迎えられ、二人のだいぶ年のメッセンジャーもいた。他にはロー・スクールを出たばかりの三人の若いロー・クラークであった。それが私のスタッフのすべてで、知事時代多数の秘書とスタッフが当たり前であった後では、私の受けたショックを想像できようか。」しかしすぐにウォレンは最高裁が完全な装備はなくとも、権力を有するのは確かであることを認めるようになり、その権力の行使では手慣れた手腕を発揮することになる。

首席判事ヴィンソンは亡くなる一カ月前、ブラウン対教育委員会事件(Brown v. Board of Education)で準備の整わない政府の要請に応えて一二月七日まで審理を延期した。かくして新首席判事が重要な役割を演ずることになった。一二月七、八、九日と三日間にわたって開かれた口頭弁論でウォレンはほとんど発言しなかった。三度目の発言がなされたのは第三日で、何人かの判事が最高裁の判決を回避するための法技術的要請を強調したのにいらだちを表したのであった。カンザス州司法長官はトピーカ教育委員会が実践可能な限り早期に人種分離を放棄するプログラムを開始することを請け合った。ブラック(Hugo

L. Black)とフランクファーター(Felix Frankfurter)両判事は、それが本当なら、何か司法判断適合的な論点はあるであろうかと質問を差し挟んだ。この時、ウォレンは議論に割って入った。「両当事者が論点があると考え、司法長官に出廷してもらってこうした問題に答えてもらおうとしているときは、私なら議論に耳を傾ける。」

首席判事のこの発言は、ウォレンの口頭弁論における典型的なアプローチを表した。すなわち議論を中核的な事実と争点へ深めようとする意思であり、技術的要請から判決を回避しようとする意図に対するいらだちであった。一二月一二日、裁判官会議はブラウン事件について評議することになった。ウォレンはこの件について票決を行わず、形式張らずに議論するよう提案し、判事たちもこの提案に賛成した。票決を先に延ばすことは、判事の間に意見の違いがあっても、争点を明確化するのに役立つと歓迎された。ウォレンは後に指摘している。「われわれが初めに両極化しないことが、全員一致になるチャンスをいっそう促すものであった。」

一九五四年一月一六日、ブラウン事件について二回目の会議がウォレンによって主宰された。この会議は救済の問題に費やされた。ウォレンは最初に発言し、最高裁は「行政にはできる限りかかわるべきではない。執行は地裁に任すべきである。しかし地裁にはどんな方法があるか指針も示さずに委ねるべきではない」と述べた。最高裁が票決を行ったのは二月か三月であった。投票の結果、「分離すれども平等」理論を放棄することになった。人種分離は無効とすることが決定され、その法廷意見は首席判事が書くことで合意をみたのであった。

ブラウン事件とは次のようなものであった。リンダ・キャロル・ブラウン(Linda Carol Brown)は八歳の黒人少女で父親のオリバー・ブラウン(Oliver Brown)はトピーカ教会の副牧師であった[1]。ブラウン家は白人の多い地域に住んでいて、すぐ近くに小学校があった。州法によると人口一五〇〇〇人以上の市は人種分離学校の運営が許され、トピーカの教育委員会は小学校が人種的に分離されるよう要求した。ブラウン家は娘を黒人学校に通わせるのは望まなかった。黒人学校は家から遠く、通学は危険と考えた。そのうえ近所の学校は優良校で娘が人種共学で学べるよう望んだ。父親は人種分離学校制が、憲法修正一四条の平等保護条項の下で娘の権利を侵しているとして異議の訴えを起こした。

最高裁は同様の争点を有する五つの事件を併合審理した。ブラウン対教育委員会事件はその一つである。これらの事件はＮＡＡＣＰが基金をだす全国的な人種非分離訴訟戦略の一環で、サーグッド・マーシャル弁護士が指揮し、カンサス州トピーカに加え、デラウェア、サウスカロライナ、ヴァジニアの南部諸州、そして連邦所轄のワシントンＤＣの人種分離の公立学校について異議を申し立てるものであった。

時代状況は半世紀前のプレッシー判決(Plessy v. Ferguson)の「分離すれども平等」理論に最後の一撃を加える機が熟しつつあった。公民権運動は分離を排除するための法的論議と政治的支持を整然と推進していた。差別法への広範な法的異議申立が全米で提起され、トルーマン大統領の下の司法省はこの試みを支持した。最高裁も高等教育レベルで人種平等を支持する全員一致の判断を下し、プレッシー判決の終焉を真剣に考えているように思われた。そこに首席判事がヴィンソンからウォレンに代わり、重要なリーダーシップの変更が行われたのである。

ウォレンは一九五四年五月一七日判決で以下のように述べている。

『分離すれども平等』理論は一八九六年プレッシー対ファーガソン事件で初めて最高裁判決に現れ、その事件は教育ではなく交通にかかわるものであった。アメリカの法廷はそれ以後半世紀にわたって同理論をもって臨んだ。

……今日、教育は州・地方政府のおそらく最も重要な機能である。義務教育法や教育への大きな支出は、われわれの民主社会に対する教育の重要さについて、われわれの認識を示すものである。教育はわれわれの最も基本的な公的責任の遂行、すなわち軍隊の兵役においても必要とされる。教育は良き市民の基礎そのものである。今日、子どもを文化的価値に目覚めさせ、後の職業訓練を準備させ、またその環境に普通に適合するよう手助けする点で、教育は原理的手段である。近年では、子どもが教育の機会を否定されるならば、人生で成功することが正当に期待されるか疑わしい。そうした機会は、州がそれを提供するよう引き受け、平等にすべての人に利用されねばならない権利である。

われわれはそこで次の問題を提起される。公教育における人種のみに基づく子どもの分離は、物理的施設や他の『実体的』要素が平等であるとしても、マイノリティ・グループの子どもから平等な教育の機会を奪うものであるか。われわれはそうだと考える。

……教育上の機会のこうした分離の影響は、カンサス州の事件の裁判所がその認定で十分に述べている。もっとも同裁判所は黒人の原告に不利な判決をせざるを得ないと考えたのであった。

『公立学校で白人と黒人の子どもの分離が黒人の子どもに有害な影響を及ぼすそのインパクトは、法が分離を承認するとき、より大きなものとなる。というのは人種分離の政策は黒人グループの劣等性を示すと通常解されている。劣等性の意味は子どもが学ぶ動機づけに影響を及ぼす。それゆえ法の承認を受けた分離は黒人の子どもの教育的、精神的発育を妨げ、子どもが人種的に統合された学校システムで得る利益のいくつかを奪う傾向を有する。』

プレッシー対ファーガソン事件の時代に心理的知識の程度がどんなものであったにしろ、この認定は現代の識者に十分に支持されている。……

われわれは公教育の領域で『分離すれども平等』の理論がもはや存在の余地がないと結論する。分離教育施設は本質的に不平等である。それゆえわれわれは原告その他がその措置がもたらすのと同様の状況に置かれ、訴えているように、分離のゆえに修正一四条によって保障された法の平等保護を奪われていると判示する。

……われわれは今、そうした分離が法の平等保護の拒否であると表明した。われわれは命令をなすさい、両当事者の十分な支援を得るため、事件は事件一覧表に戻され、両当事者はさらに主張を提示するよう要請される。」

最高裁は多くの教育委員会が変化に抵抗するであろうと考えた。ほとんどの州で委員会のメンバーは州民によって選挙され、非分離は選挙民には人気がなかった。一年後の一九五五年五月三一日、最高裁は委員会が適切に行動することを保証するため、連邦制の一般管轄権の事実審である連邦地裁に監視の責任を与えた。それは人民に最も近い裁判所であるがゆえに、その裁判官は地方の状況がよくわかっているからである。加えて地裁裁判官は選挙ではなく終身の任命制である。教育委員会がブラウン判決の期待に応えることができるよう、地裁裁判官はその衡平法的管轄権を使用するよう教示されていた。こうした権限の承認から地区学校の個々の状況に適合するよう個別に作られた案が課されることを裁判官たちに認めた。

「憲法原則の完全な執行はさまざまな地区学校問題の解決を要求する。学校当局はこれらの問題を解明し、評価し、解決する第一次的責任を有する。裁判所は学校当局の行為が、憲法の統治原理の誠実な執行を構成するかどうか判断せねばならない。地方状況への接近およびさらなる聴聞の必要のゆえに、これらのケースを初めに審理した裁判所が、この司法的評価を最も良く遂行することができる。したがってわれわれは事件をそれらの裁判所に差し戻すのが適切であると信ずる。

……裁判所は判示を実効的に遂行するにはもっと時間が必要であると認めるであろう。そうした時間が公的利益において必要で、できうる限り早急に実現し得るよう、誠実な協力の点で一致結束することを証明する責任が被告である各教育委員会に負わされている。……したがって連邦地裁が公立学校に対して可及的速やかに人種非分離のうえから認められる必要かつ適切な手続きをとり、この意見と一致する命令を出せるよう、事件は差し戻される。」

ウォレン・コートの全員一致の判決も南部政治家に強い印象をもたらすことはなく、彼らは判決の履行としてほとんど何もしなかった。事実、一九五〇年代中、彼らは「立法できる限り、分離もできる」という戦略を採り、統合を妨げる意図で何百という法律を制定した。「アール・ウォレンを弾劾にかけよう」という看板やポスターが南部では道路沿いの至る所で見られるようになった。連邦議会もアイゼンハワー大統領もこの傾向に対抗することはほとんどなかった。議員の中にはブラウン判決やその他のリベラルな判決に怒りを露にする者もあり、五〇以上の最高裁抑制法案が提出された。

とはいえ多くの人がブラウン判決の実質的な長期的効果を指摘する。公民権を政治的課題にすえ、一九六〇年代の公民権運動に拍車をかけたのは最高裁のブラウン判決であった。そしてそれがまた重要な連邦の措置を生み出した。議会はついに一九六四年公民権法を成立させた。ジョンソン政権の下では、司法省が学校非分離訴訟の積極的当事者になった。その結果、七〇年代初め、南部諸州で黒人生徒が白人と共学する割合は九〇％以上に達したのであった。

第3章　最高裁の役割

1　連邦裁判所の組織と管轄権

(1)　三条裁判所と一条裁判所

憲法第三条は「合衆国の司法権は、一つの最高裁判所および連邦議会が随時制定、設置する下級裁判所に帰属する」(第一節)と定める。憲法で明示された最高裁判所以外に、第一回議会は一七八九年裁判所法を制定し、控訴裁判所、地方裁判所を設けた。さらにCourt of Claims(〔請求裁判所〕一九八二年廃止、その管轄はUnited States Claims Court〔連邦請求裁判所〕に引き継がれた)、Customs Court(〔関税裁判所〕一九八〇年の法律改正でCourt of International Trade〔国際通商裁判所〕と改名された)、Court of Customs and Patent Appeals(〔関税・特許上訴裁判所〕一九八二年廃止)が設置された。

憲法第三条の下で置かれたこれらの裁判所に加え、憲法第一条の立法権を「行使するために、必要かつ適当な」(第八節一八号)方法をとることを許されていることから、議会はCourt of Military Appeals(軍法控訴裁判所)、United States Tax Court(連邦租税裁判所)、Court of Veterans Appeal(退役軍人上訴裁判所)およびいくつかの連邦統治領裁判所(グァム、プエルト・リコ、ヴァージン諸島、北マリアナ諸島)を設けた(図1)。

第一審として連邦地裁があり、全米に九四存在する。すなわち各州に一つから四つあり、ワシントンDCと、グァムのような統治領の中にも存在する。地裁の上に一二の上訴裁があり、それぞれが連邦司

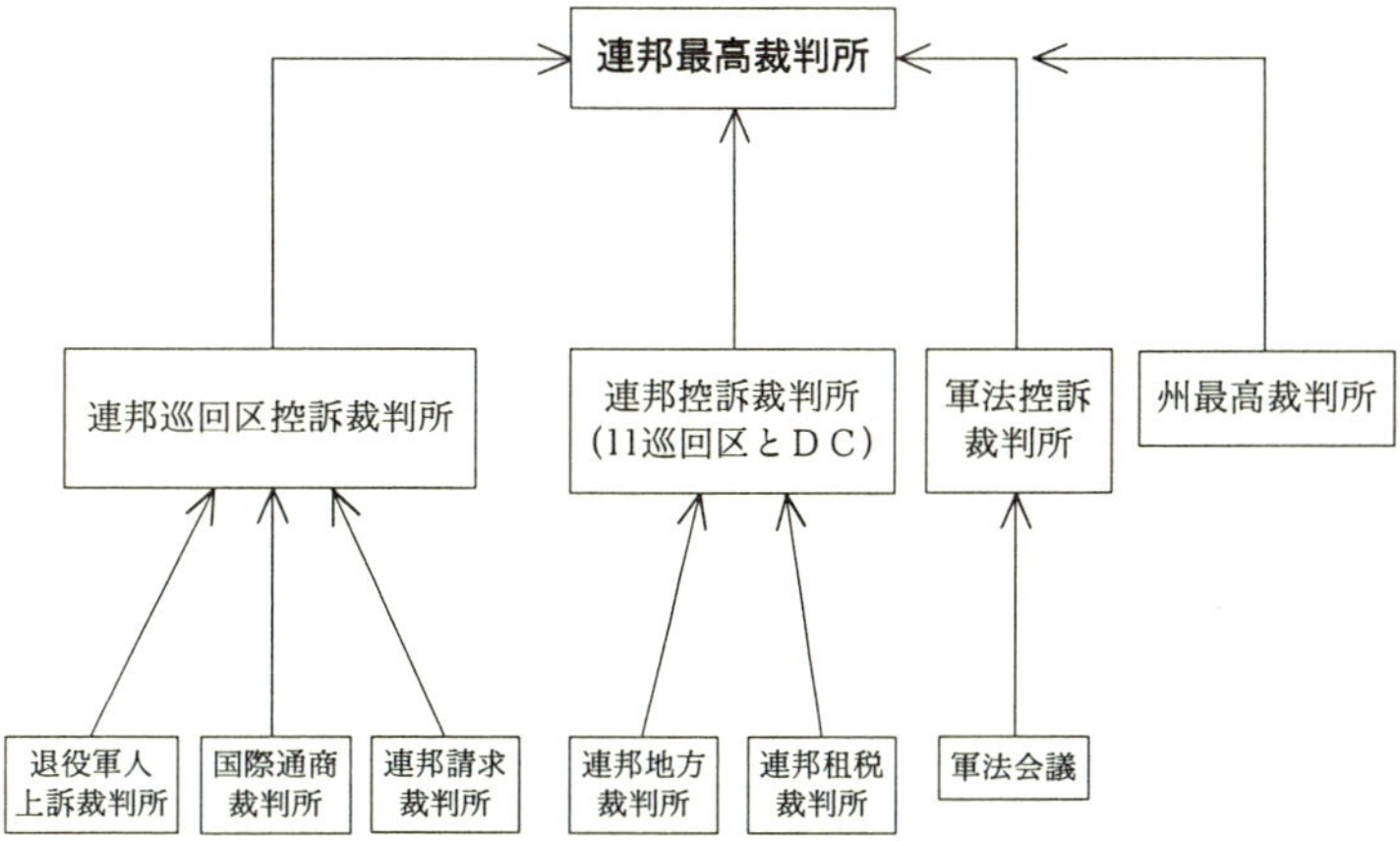

図１　連邦裁判所制度

(Glick, *Courts, Politics & Justice* 28〔3rd ed., 1993〕)

法巡回区の一つをあてがわれ、上訴管轄権を有する連邦控訴裁判所である。ワシントンＤＣは一巡回区を構成し、残る一一巡回区はそれぞれ三、四州からなる。

(2)　最高裁の管轄権

連邦裁判所の管轄権は三つある[1]。第一は憲法を含む連邦法の下の刑事・民事事件である。第二は連邦政府が一方当事者であるすべての事件である。第三が、異なる州の市民間の民事事件で、訴額五万ドル以上の事件である。こうした範疇に入る事件は少数で、ほとんどの事件は刑事訴追、個人的損害賠償訴訟、離婚、債務不履行訴訟など州裁判所で審理される。

最高裁の管轄権は二つある。第一は憲法が最高裁に事実審として一定の事件への管轄権を与え、第一次管轄権と呼ばれる。そうした事件は最高裁に直接に提訴できる。最高裁の第一次管轄権は州が一方当事者である事件およ

最高裁

(1) 連邦と州の間、
(2) 二つまたはそれ以上の州の間、
(3) 外国の大使その他の外交使節および領事に関わる、
(4) 一州と他の州の市民ないし外国の市民の間、あるいは一州と外国の間。但し、憲法修正第11条はこれを州裁判所の第一次管轄権に委ねた。

↑

連邦上訴裁判所

以下の裁判所、機関からの上訴
(1) 連邦地方裁判所、
(2) 連邦統治領裁判所、連邦租税裁判所、連邦請求裁判所、ワシントン地区裁判所、
(3) 国際通商裁判所、
(4) 独立規制委員会、
(5) 退役軍人上訴裁判所、
(6) 特定の連邦行政機関。

↑

連邦地方裁判所

(1) 連邦に対するすべての犯罪、
(2) 憲法、法律、条約の下で生ずる5万ドルを超えるすべての民事訴訟、
(3) 異なる州の市民および外国の市民に関わる5万ドルを超える事件、
(4) 海軍、海事、拿捕事件、
(5) 特定の連邦行政機関の命令および争訟の審査および執行、
(6) 議会が法律で正当に規定するその他の事件。

図２　連邦裁判所の組織と権限

(Baum, *The Supreme Court* 11〔5rd ed., 1995〕)
(Henry J. Abraham, *The Judicial Process* 156〔6rd ed., 1993〕)

び大使にかかわる事件を含む。最高裁の第一次管轄権にある事件の多くは地裁でも審理できる。しかし二つ以上の州の間の争訟は最高裁に専属管轄権があり、こうした事件が最高裁の第一次管轄権に基づく判決のほとんどを占める。こうした判決は多くはなく、これまでの最高裁の歴史を通じて約一七〇位である。第二は最高裁が上訴管轄権を有する。連邦では連邦控訴裁からの上訴と二つの特別控訴裁（連邦巡回区控訴裁と軍法控訴裁）からの上訴である。また特別の三人制地裁から直接上訴される

事件である（図2）。

州最高裁の判決の後、最高裁に上訴される事件は憲法を含む連邦法の下で生ずる主張にかかわる。刑事事件に共通のことであるが、州法に基づいて州裁に提訴された事件がときに連邦法も含むことがあり、最高裁は州法の争点に関してではなく、連邦法の争点に関してのみ判断する権限を有する。

最高裁の事件はほとんどすべてがその裁量的管轄権の下にあり、最高裁は審理するかどうか選択することができる。そうした事件はまずサーシオレライ（上訴受理）令状の申立を最高裁が審査し、令状を発して移送させる。一九八八年に議会は最高裁の管轄権を義務的から裁量的に改めた。今日、権利上訴は三人制法廷の地裁から直接に上訴される少数の限られた分類の事件（民事訴訟で差し止めが認められ、あるいは否認された場合）にのみ許される。一開廷期平均一二件ほどである。

2　司法判断適合性

憲法第三条は司法権があらゆる連邦問題、すなわち「この憲法、合衆国の法律、および条約の下で生ずる法と衡平上のすべての事件」に及ぶことを規定する[2]。最高裁も明示的な「事件ないし争訟」に対する管轄権を有する。この「事件」と「争訟」という語により、司法権に対する限界が具体化されている。一つには対決性という文脈で、歴史的に司法過程を通して解決可能と考えられるかたちで提起される問題に限定する。また一つには司法が他の政治部門に委ねられている領域に侵入しないよう保証し、三部門間の権力の割り当てにおいて司法に課された役割を明示する。

かくして最高裁はまず「事件ないし争訟」に対し管轄権を有するかどうか考慮し、それからその争訟が司法的解決の可能な司法判断適合的であるかどうか考える。かくして判事たちはそれが、①対決性を欠き、②「訴訟適格」を欠く当事者によって提起され、あるいは③「成熟して」いないか、④「ムート」になっているという問題を提起するか、あるいは⑤「政治問題」にかかわるならば、事件を否定する場合がある。

(1) 対決性と勧告意見

最高裁は、一般に訴訟当事者がある仮定の争点ではなく、その争訟を解決する判決を求めるのに現実に対決していなければならないと主張する。また最高裁は、現実の訴訟で提起されていない争点には「勧告意見」を言い渡すことはしない。

ジョン・ジェイ・コートは勧告意見の要請を二度否定した。一度は一七九〇年、財務長官ハミルトンが革命戦争の州の債務を連邦政府が引き受ける権限に関する助言を求め、もう一度は一七九三年、国務長官ジェファソンがパリ条約と国際法の解釈を求めた。ジェイ首席判事は、大統領は閣僚に助言を求めるのであって、最高裁がそうした事がらを判断することは権力分立、ひいては司法権の独立から不適切であろうと主張した。その後も最高裁は勧告意見が「憲法によって最高裁に授けられていない機能であり、最高裁が始めから着実に断固としてその行使に反対してきた機能である。立法作用に関する助言の性格を有する意見を与えること」は不適切であると主張し続けている。

さらに最高裁は一九三四年宣言的判決法の合憲性を一九三七年に支持した。宣言的判決は制定法が認めた手段であって、司法技術的手段ではない。宣言的判決の手続きでは通常はなんら強制命令は発せられない。一度、法が宣言されれば、両当事者はそれに従うと仮定されるからである。しかしながら、宣言的判決は、必要ならばそれ以上の救済の基礎となり、一般には差し止め命令の請求が宣言的判決を求める訴訟に加わる。

(2)　訴訟適格

訴訟適格の憲法上の基準は憲法第三条の連邦裁判官の職務の記述から引き出され、その基準は被害者が相手に対する救済を裁判所に求めるという観念を中心とし、原告は個人的損害を被ったこと、しかもその損害が認識しうることを主張しなければならない[3]。また被告の行為が損害を引き起こしたこと、そして裁判官の判断が実質的にその損害を救済しうることを主張しなければならない。

訴訟適格の憲法上の基準は訴訟の法的基礎に照準を合わせた三つの「慎重な」ルールである。まず、司法的救済を確実にするため、損害を被った提訴者は通常、損害をもたらす行為が提訴者自身の権利を侵し、第三者の権利を侵害したのではないと主張しなければならない。また、すべての人の等しい法的権利が政府によって侵害される場合は、当然、司法的対応にではなく、政治的対応に託されることになる。そしてどんな利益が主張されようと、それは当該の制定法または憲法の保証により護られ、もしくは規制される利益の範囲内になければならない。

政府の行動の合法性に異議申立を行おうと望む「公共的利益」の原告には訴訟適格は否定されてきた。訴訟当事者が政治的に責任ある公務員の憲法上の権限を制限するように裁判所に望むとき、賢明ならざる過度の司法介入に対する懸念が強まり、訴訟適格の限界が一定の力をもってこれに適用される。

しかしながらここ数十年は、個人が非金銭的侵害に対し、また「公共的利益」を代表するために当事者適格を主張することが多くなっている。ウォレン・コート時代は実質的に当事者適格の要件を緩和し、公共政策上の争点を有するより多くの訴訟を許容した。すなわち納税者の地位と異議を申し立てられた制定法との間の論理的関連性、ならびに納税者の地位と「申し立てられた憲法違反の性格そのもの」との関連性が論証できれば、当事者適格を認めた。かくしてこの二面テストはより多くの納税者訴訟を招くことになった。

原告はなお個人的侵害を主張しなければならないが、今や特殊利益集団の代理人として行動することも可能である。かくして主張される個人的侵害は公共の侵害を包含しうる。議会も同時に、行政上の決定によって「不利な影響を受け、あるいは苦しめられた」個人は誰でも異議を申し立てることができると規定することにより、さらにずっとその原則を拡大した。一九七〇年代に成立した健康、安全、および環境立法はそうした「民衆訴訟」を規定し、行政上の措置に対する司法審査を命じた。制定法が「民衆訴訟」を規定していないときでさえ、個人は裁判所へアクセスをなし、政府機関を法律に従わせるために個人的侵害あるいは「訴訟理由」を主張する場合がある。

全体的に最高裁の訴訟適格の基準は、最高裁に法を宣言するその権限を行使するか抑制するか決定するかなりの裁量権を与えるために、柔軟にときに首尾一貫性なく適用される。裁量権行使のあり方が、司法積極主義と司法自己抑制という最高裁の司法観を反映し、その憲法上の実体的権限を反映する。

第三者の権利を代表することは通常は禁止されているが、第三者が実体的判決から害を被るよりも利益を得ると推論されるとき、第三者の憲法上の権利を代表することが許される。それは原告と第三者の利益が一致することを示唆するような、特別な原告・第三者関係を反映する事件である。この例外のもとで、医師は患者の中絶の権利を代表でき、私立学校は私立教育を選択する親の権利を代表でき、販売人は酒や避妊具を購入する若い消費者の権利を代表できるのである。

(3)　成熟性およびムートネス

最高裁は成熟性およびムートネスの理論を両刃の剣として振るった[4]。原告は、事件があまりに早く提起されたことを理由に、あるいは争点がムートで事件はあまりにおくれて提起されたことを理由に却下されるのを見出す。

成熟性の理論とは、主張される侵害がいまだ生じておらず、他の手段がまだ尽くされていないならば、事件は成熟していないものとして通常拒否されることである。害悪を予期する者はときに法の合憲性を、法が彼らに適用される前に、あるいは法が発効する前でさえ攻撃する。連邦裁判所は判決が異議申立人を保護するために必要であることが明確でなければ、あるいは知的解決を許容するに十分な情報がいまだ利用可能でなければ、成熟性の欠如のゆえにそうした事件を決することを拒否する。成熟性は憲法第三条の事件もしくは争訟の要件と、連邦裁判所は必要もなく時期尚早に憲法判決を下すことは抑制することの両方を理由とする。判決を遅らせることは暫時の困難を引き起こし、憲法に反する害悪が生ずるのを許すかもしれないが、事態のいっそうの展開が争点を絞り込み、重要な情報を生み出し、あるいは逆にいかなる判決も必要としないよう確定することになるかもしれない。

ムートネスは当面の事実ないし法が時の経過で変化し、その結果、もはや真の対決性が存在しないか、現実的事件もしくは争訟が存在しないならば訴えは却下される場合である。そこでは裁判所の判断が効果を現す主題が何ら存在しないので争点はムートとなり、かくして裁決は「決定的」でも最終的でもないことが明らかである。判決が影響を及ぼしうる現実の紛争に個人的にかかわる当事者の提訴があり、その解決が提訴の開始後の出来事のゆえに司法的介入の必要性を失い、提訴者の紛争にはもはや影響を及ぼさないという状況である。一般的な事例としては、刑事被告人が有罪判決を受け、その上訴中に死亡した場合、原告がその執行の差し止めを求める制定法に取って替わる新しい制定法の成立、あるいは提訴した当事者の要求が完全に満たされた場合などである。

提訴された実体的争点が、予期される害を未然に防ぐために、もはや裁判所の措置を必要としないことが確実には示されないような事件の場合、ムートネスの問題はより困難である。そのさい、裁判所が判断を行うか差し控えるかの裁量権、すなわち実体的争点がもつ公共的重要性によって影響される可能性のある裁量権を必然的に招じ入れることになる。最高裁が論議の的となる政治的争点を決定することを逃げるのではないとしても、回避することを可能にするのである。

(4) 政治問題

最高裁は適切に構成された訴訟に対して管轄権を有するときでさえ、事件が他の政治部門によって解決されるべき政治問題を提起すると映ずることから、判断しない場合がある。同理論はマーベリ対マディソン事件のマーシャル首席判事による次の見解にその起源を有する。「最高裁の範囲はただ、個人の権利について決定することである……本質的に政治的な、あるいは憲法や法律により行政府に付託される問題は当法廷には決して提出できない。」

政治問題の理論が主張される根拠として、ヒューズ首席判事はコールマン対ミラー事件(Coleman v. Miller〔一九三九〕)で二つの有力な配慮をあげている(5)。それは「アメリカの統治体制の下では政治部門の行為を最終的なものとすることが適切であること、また裁判所の決定には満足すべき基準が欠けていること」である。たしかに問題となっている争点に裁判所が対処しうるのか、政治部門に比べて集まってくる情報量にも広い視野という点からも限界があろう。とくに執行の問題が困難である。はたして裁判所の下した判断を実際に実行することができるかということがある。

「政治問題」の存在が肯定されるとしても、その内容は何であり、範囲はどこまでか。最高裁は州の代表の議席配分という「政治的茂み」に入ることを回避するため、数十年にわたりその理論に依拠した。しかしながら人口稠密な都市部の黒人や他のマイノリティはしばしば平等な投票権を否定された。一九六二年に最高裁は州の代表および議席配分をめぐる論議がその管轄権の範囲内にあって、司法判断適合的であると判示したとき、何が「政治問題」であり何がそうでないか決定するその権限をあらためて保証した。かくしてウォレン・コートは平等な投票権を実現するよう、「一人一票」の原理を確立した。

「政治問題」の理論は判事たちがそれが政治問題だと述べるものがその意味するところである。アレクシス・ド・トクヴィルが一八三〇年代に書き留めたように、「合衆国では、多かれ少なかれ司法問題に転化されない政治問題はほとんどない。」最高裁に達する訴訟は政治的で、判事たちは政治的理由のゆえに、事件一覧表の事件の何を判決し、どう判決するかを決定するのである。

3　事件の受理

(1)　事件一覧表

最高裁は申立をふるいにかける一連の複雑な手続きを使用する。その手続きも事件の種類によって二通りの分類に分けられることからさらに複雑となる。一つの分類は訴訟費用前納事件か、未納事件かというものであるが、もう一つの分類は事件移送が裁量的か、権利上訴かという区別である。最高裁に審理を求める約三分の一のみが前納事件で、それらは最高裁への提訴料三〇〇ドルが支払われ、必要な複数コピーの書類が整えられている[6]。しかし過半は貧困者が in forma pauperis（訴訟救助）として提訴し、手数料と複数コピーの要件は免除される未納事件である。一九四九年開廷期にはそれは一〇〇〇件を越え、初めて前納事件を上回り、その後その数はますます増えている。未納事件の大部分は連邦や州の刑務所収監者によるものである。

提出書類の書式は最高裁が申立を退けるうえの技術的基準となり、厳格なきまりがある。最高裁規則三三条に、印刷と書式のサイズ、書類様式、表紙の形式と色、ページ数など提出書面の形式要件が記されている。

裁量上訴の申立はまず最高裁書記官がふるい分けし、受理可能な申立は事件一覧表に載せる。それは上訴事件一覧表とその他の事件一覧表に分けられる。前者は訴訟費用前納の裁量上訴、権利上訴の申立、さらに最初はその他の事件一覧表に掲載されたものの裁量上訴が認められ、もしくは管轄の容認が記された事件、他に再弁論申立のようなその他の事項などで構成される。その他の事件一覧表は裁量上訴および権利上訴の訴訟救助申立と、初めての人身保護令、執行命令などの特別救済申立からなる。

(2)　訴訟救助申立

判事にはロー・クラークが認められている。ロー・クラークの重要な役割は、審理の申立を検討する判事に手を貸すことである。ロー・クラークは一八八二年にホーレス・グレイ(Horace Gray)判事が自費で臨時に雇ったのが初めで、他の判事もその例に倣うようになり、一九二二年、議会は各判事一人のロー・クラークの雇用を認める予算を計上した(7)。

年ごとに提訴件数が増大するにつれ、判事たちは提出事件書類に最初に目を通す仕事をロー・クラークに委任するようになった。この慣行はヒューズ首席判事とそのロー・クラークが訴訟救助申立を処理するにあたって始まった。多部数の写しとともに提出される訴訟費用前納事件と異なり、貧困者の申立は部数も一部で手書きの訴状で弁護士の援助も受けることなく提出された。ヒューズ首席判事以降、こうした申立の処理は首席判事とそのロー・クラークの任務で、そのためにも首席判事は他の判事よりも一人多いロー・クラークを認められている。訴訟救助申立が重要な法問題を提起し、あるいは死刑事件にかかわるときを除き、ヒューズ首席判事はそうした申立を他の判事には回覧せず、「議論リスト」に掲載することもしなかったが、誠実かつ良心的に処理した。

開廷期中は書記官室(Clerk's Office)が一五から二五件の裁量上訴申立書および管轄権答弁書を、これらの事件を日程表にした会議リストとともに、毎週水曜日に配布してくる。

雑事件一覧表掲載の訴訟救助申立および特別救済申立事件は、毎週金曜日に二〇から二五件のファイルが首席判事オフィスに送られてきた。通常これらの事件では関連文書(申立書、答弁書、下級裁の意見)の写しは一部しかない。そのため準備されるメモは、各オフィスに配布するため一一部タイプされた。かつてそれは「薄紙」と呼ばれ、一一部のコピーでもきわめて薄く、一番下のカーボン・コピーを受け取る新任判事はしばしば読むのに苦労した。申立が何らかの理由を有するとロー・クラークが考えれば、申立書そのものが回覧された。

ウォレン・コートの間に訴訟救助申立は最高裁が受け取る審理申立の主要部分を構成するようになった。訴訟救助申立書のほとんどは、教育を受けていない、ときに識字も十分でない囚人が憲法上の権利侵害を主張して作成される。それはしばしば紙の切れ端に手書きされ、判読しがたく理解のしにくいものである。首席判事オフィスが主として訴訟救助申立に対して責任を負い、結果としてウォレンのロー・クラークが最高裁全体のロー・クラークとしてその仕事を行った。ロー・クラークは提出された大量の訴訟救助申立から、いささかなりとも理由があるか見分けるのがその仕事であった。申立の多くは冗漫で判読に時間のかかるものであるが、ウォレンは「訴訟救助申立人は一般に弁護人がついておらず、君がある意味で彼らの弁護人となる必要がある」と、ロー・クラークに注意深くその仕事を果たすよう求めた。ロー・クラークは訴訟救助申立に関する短いメモを作成し、各判事に送った。

しかしながら訴訟救済申立および他の提訴件数が増えるにつれ、首席判事の執務室だけで処理しきれなくなった。かくしてそれらは他の訴訟費用前納事件申立書および管轄権答弁書とともに、各判事に検討してもらうためすべての執務室に配布されるようになった。ほとんどすべての事件摘要書は、司法局(Legal Office)で処理されるものを除き、今や判事執務室に回覧され、ロー・クラークがほとんどの事件について短いメモを作成する。

(3)　裁量上訴プール

一九七二年、パウエル判事の提案でほとんどの判事が「裁量上訴プール」に加わり、一覧表の事件が一括してプールされる。申立書とその事件資料が各判事のロー・クラークに分配され、事件ごとに一人のロー・クラークがメモを作成する。今日では各判事はロー・クラークを四人まで認められているが、現在、レーンクィスト首席判事は三人、スティヴンス判事は二人に止めている。

作成されるメモは典型的には、関連する事実と両当事者の主張の要約、事件が受理承認されるべきか否かに関する勧告を書き込む。判事の中には自分のロー・クラークにメモを調べさせ、応えさせる者もいるが、一九九〇年に引退したブレナンは、決まって自分で申立書に目を通した最後の判事である。「裁量上訴プール」に加わらなかったスティヴンスの場合、ロー・クラークがすべての申立書を調べ、判事が自分で目を通すべきであるとロー・クラークが信ずる少数の事件を選別した。いずれにしても一覧表の申立のうち「上訴受理に値する」と決定するのは判事の責任である。

(4)　最高裁裁判官会議の上訴受理決定

一九二五年裁判所法で議会は義務的上訴に代えて事件移送申立とし、最高裁に裁量的管轄権を与えた。これに伴い判事たちは、申立を認めるか否か決定する非公式の四人ルールを発展させた。ある事件が口頭弁論と最高裁全員の評議を保証されるには裁判官会議で、少なくとも四人の判事が同意しなければならないというルールである。事件の負担が今日よりは軽かったころ、この四人ルールにしばしば例外がつくられた。影響力ある判事および説得力ある弁論はときに四票以下でも事件の口頭弁論を開かせた。一九三〇年代ヒューズ首席判事の下では、同ルールはかなり柔軟に運用された。「上訴受理は、四人の判事がそうすべきであると考えれば常に、また三人あるいは二人でも強く承認を促すときはしばしば認められる」とヒューズは説明している。

事件を審理するか否か最終的決定は金曜日に開かれる最高裁裁判官会議でなされる。同会議は開廷期を超えて、ときに七月まで延びることもある。一九七〇年代に最高裁は開廷期の始まる前の九月の最終週にも、夏休み中溜まった中立を処理するために会議を設けるようになった。会議に先立ち、首席判事は事件一覧表の事件のふるい分けを通して、通例四分の一以下になった「議論リスト」を配布する。最終のリストに載る事件の多くは首席判事の判断による。陪席判事はこのリストに、議論なしの「デッド・リスト」に入れられた別の事件を加えるよう求めることができる。

最高裁裁判官会議が「議論リスト」掲載事件を検討するとき、「議論リスト」にその事件を加えた首席判事もしくは陪席判事が、その事件の審査の口火を切る。それから就任の古い順に論じ、審理を承認するか否か自らの投票を表明する。

最高裁判事はどんな根拠で審理する事件を選ぶか自由であり、その選択を正当化も説明する必要もない。審理を承認する最も重要な基準はおそらく、きわめて主観的でとらえどころのないものである。事件が審理されるのは、判事が重要とみなす実体的な争点を提起するためである。憲法あるいは制定法の実体的問題は判事によって、また時代によって異なる。判事は事件の本旨に基づいて審理が承認されるべきであると考えるというよりも、その事件が最高裁に先例を設定する良い機会を提供するという理由で移送を承認する投票をなすと思われる。

最高裁規則一〇条に引かれている上訴受理の基準は、最高裁がいまだ判示していない重要な法的争点の存在、法問題で控訴裁判所間の対立、下級裁判所の判決と最高裁の判例の間の対立、および下級裁判所の手続違背に対する最高裁の監督権行使の必要である。

最高裁が事件を受理するときには、判事はどういった争点を取り上げるか取捨選択することができる。最高裁は中立人が提起した一つの争点に最高裁への裁量上訴許可を限定し、ときに当事者は提起していなかった争点に焦点を絞るよう当事者に求めることもある。当事者がどんな争点を強調しようと、最高裁はその意見で実際に解決する争点を決定する自由を保持する。最高裁は上訴を受理するときに、その事件でなす論議も決定するのである。

これまでの事件選別の基準は、統計的には次のようになっている(8)。

連邦政府が一方当事者で審査を求めるとき　五〇～七五％
連邦控訴裁が相互に、あるいは最高裁の判決と対立するとき　三三％
市民的自由の重要性(判事のイデオロギーの変化とともに変わる)
　一九五〇年代　三三％　一九六〇年代　二一％　一九七〇年代　一一％
最高裁の支配的イデオロギーが下級裁判決のイデオロギー的方向と対立するとき　一六％
「裁判所の友」書面が上訴受理を支持し、もしくは反対して提出されるとき　三六％

同じ事件で上記の二つ以上の手がかりが存在するとき、上訴受理令状を得る機会は極めて高い。連邦政府が当事者で、裁判所間の対立を含む事件、あるいはいくつかの「裁判所の友」書面が提出されて事件の審理を求めるとき、令状を得る機会は一〇〇%に近づく。

4　口頭弁論

最高裁は事件を受理すると、再審理を承認された事件は一覧表番号が付される。二〇〇一年開廷期の一番目の事件は一覧表番号〇一―一であり、訴訟救助事件は〇一―五〇〇一から始まる。
最高裁が事件に十分な考察を加える場合は、当事者から本旨に関する新たな答弁書を受け取り、口頭弁論を開き、そのうえで判決を理由づける全面的意見をもって本旨に関する判決を下す。あるいはまた、最高裁は事件についてサマリー(略式)判決を下す。略式判決は通常、事件について新たな答弁書や口頭弁論なしに判決を下すことを意味する。利用可能な資料に基づいて口頭弁論を認めるか、略式で判決するかが決定される。口頭弁論のためにも四票が必要である。口頭弁論が認められない事件はそのまま同じ会議で評議が認められ、引き続き本旨による判決が下される。最高裁は当事者がすでに提出している書面から判断する。

最高裁には毎年五〇〇〇件以上の裁量上訴承認を求める申立がなされる(9)。その中から通常は全面審理のためには九〇件から一五〇件しか承認しない。残りは略式裁判か、理由を付さずに却下する。一九九九―二〇〇〇年開廷期、判事たちは七〇〇〇件を超える申立のうち理由を付して判決が下されたのは

表1　最高裁事件処理

	1980	1990	1992	1994	1996	1998	
第一次管轄権	7	3	1	2	2	2	
上訴事件一覧表	2256	1997	2087	2151	2095	2066	
裁量上訴承認	167	114	83	83	74	82	
サマリー判決	90	81	84	52	66	44	
却　下	1999	1802	1920	2016	1955	1940	
その他の事件一覧表	2017	3424	4248	4979	4610	4947	
訴訟救助承認	17	27	14	10	13	10	
サマリー判決	32	28	25	14	15	11	
却　下	1968	3369	4209	4955	4582	4926	
全面審理の上訴承認比率	4.3	2.6	1.5	1.3	1.3	1.3	(%)

一二二件しかなかった(**表1**)。

口頭弁論が認められると、最高裁書記官は両当事者に書面による主張である訴訟事件摘要書を要請する。上訴人は最高裁が審理を認めて四五日以内に第一次書面を提出することが求められる。被上訴人はそれを受けて答弁書を三〇日以内に提出しなければならない。上訴人はさらに被上訴人の書面で提起された主張に反論する書面を提出する機会を与えられる。口頭弁論前は両当事者は、最初の書面提出後に成立した立法やその他の問題についていつでも補足的書面を提出することができる。

審理の承認から口頭弁論の間、「裁判所の友」書面を最高裁は受理する。それは事件の結果にかかわる利益集団が提出する。同書面は利益集団が望む方向で判事たちが事件を決するように説得を試みるうえの事実、視点、弁論を内容とする。決してすべての事件が「裁判所の友」の参加となるものではないが、政治的に重要な実体的争点を提起する事件のほとんどは利益集団を惹き付ける可能性がある。一九七八年バッキ事件では五八もの書面が提出された。一九八七年開廷期、最高裁が受理した非経済的事件の八〇%で「裁判所の友」書面が提出された。

口頭弁論の役割は一九世紀の最高裁の仕事においていっそう顕著であった[10]。初期においては事実上、口頭弁論に無制限の時間が認められていた。ギボンズ対オグデン事件(Gibbons v. Ogden〔一八二四〕)で、最高裁は五日間に渡って二〇時間の口頭弁論を開いた。同事件では、マーシャル・コートが州際通商に対する連邦議会の権限を拡大し、州の境界で行われる通商のみならず運輸に対する州権を制限しうると判断したのであった。

最高裁は一八四八年に口頭弁論のための時間を切り詰め、一件当たり八時間、両当事者側の各二人の弁護人に各二時間許容するようにした。一八七一年には最高裁はその時間を半分にカットし、両当事者に各二時間を認めた。その後一九一一年に両当事者に許されるのは一時間半となり、一九二五年には各一時間に制限された。最終的に一九七〇年、バーガー首席判事は他の判事を説得して、両当事者の弁論を各三〇分に制限した。

最高裁の現行の口頭弁論日程表では各開廷期、一〇月の第一月曜日から四月末までのうち一四週間、二週おきに月、火、水曜日の一〇時から一二時と一時から三時に口頭弁論を聴聞する。一〇〇年前には最高裁は一開廷期一七〇から一九〇件の聴聞を行っていた。一九二五年裁判所法が事件の審理を拒否する最高裁の権限を拡大した後、口頭弁論のために受理される事件数は減少した。ヴィンソン首席判事の間、最高裁は各開廷期、平均一三七件を聴聞し、ウォレンの時は約一三八件であった。しかし事件ごとの時間が実質的にバーガー・コートによって短縮され、口頭弁論に認められる時間を切り詰めたことにより、最高裁は聴聞できる事件の数を各開廷期、約一六〇件にまで増やした。

口頭弁論に捧げる時間の短縮により、重要な事件の支持弁論の質について判事の中には少なからず不満を憶える者もあった。かつて一九世紀はほとんどの間、比較的少数の弁護人が最高裁で弁論し、彼らは雄弁術において秀でていた。最高裁の開廷期は短く、交通の便等の諸困難から多くの弁護人はワシントンに旅するのを妨げられた。かくして弁護人はワシントンの法律家や最高裁専門の弁護士グループを口頭弁論のために雇った。最高裁専門の弁護士グループは少数で、通例、判事たちとの間には親密な交友関係があった。

口頭弁論は通常、事件が受理されてから四カ月以内に開かれる。主要な例外は年が明けて二月以後に認められる事件にある。その時までには最高裁の日程表が通例はすでにいっぱいで、事件は次の開廷期の初め、つまり一〇月まで繰り越される。時に極めて緊急の事件では、最高裁は口頭弁論のための手続きを早めることがある。ニューヨーク・タイムズ対合衆国事件（New York Times Co. v. United States〔一九七一〕）はニクソン政権が、ベトナムへのアメリカの介入の歴史をまとめた極秘のペンタゴン・ペーパーズの公表を差し止めようとした。そこで最高裁はバーガー首席判事およびその他の判事の抗議を乗り越えて、事件を決するためハイ・ペースで進行した。一九七一年六月二四日木曜日の朝、最高裁はニューヨーク・タイムズ側の申立を受理し、ニクソン政府の申立はその日遅く届いた。翌朝、バーガー首席判事は政府の側で弁論する訟務長官グリスウォルド（Erwin Griswold）を呼び、最高裁への申立を認め、翌二六日土曜日、午前一〇時に口頭弁論の予定を組んだことを告げた。事件の本旨に基づく訴訟事件摘要書は口頭弁論が開かれるほんの数分前に最高裁に届いた。

口頭弁論は弁護士が判事たちと直接に弁論を交える残された唯一の機会である。二つの基本的要素が口頭弁論の相対的重要性を左右する。ラトレッジ(Wiley B. Rutledge)判事が述べたように「一つは簡潔さである。もう一つは判事がそのためにする準備である。」準備と弁論の中心に、事件、争点と事実、法的論理に支えられた理由付けを広く見通す視野が必要である。きびきびした簡潔な対話による提示こそ判事の望むものである。レーンクィストの言葉では、「弁護人は結局、自らの事件を一つの職としての最高裁裁判官という或る抽象的、観念的な存在に提示しているのではなく、……九人の血もあり肉もある男と女に示している」ことを決して忘れてはならない。口頭弁論は「身ぶりの伴う事件摘要書」でないことは明らかであるという。

今やほとんどの判事がそのロー・クラークが作成したベンチ・メモで武装して口頭弁論に臨むようになった。ベンチ・メモは、弁論がなされる前の週の金曜日に完成されていなければならない、裁量上訴メモよりも長く、簡単な事件でも六、七ページ、平均一〇から一五ページぐらいになる。判事はできる限り簡潔なものを要求する。

ベンチ・メモは事件が提起する中核的事実、争点、ふさわしい質問を確認する。過重負担のゆえに、「弁論を開く前にその事件に必要と考えられる仕事はすべてしておかなければならない」とスカーリア

(Antonin Scalia)判事は説明する。彼は任命前のように、口頭弁論を「犬とポニーのショウ」とはもはや考えることはなく、口頭弁論を聴聞する前にロー・クラークと各事件を検討する。「事件摘要書ではできないような方法で、口頭弁論の間に判決の予想を視野に入れることができる」と彼は述べる。ホワイト判事は付け加える。口頭弁論で「進行していることは、ある程度まで判事自身の間の情報交換でもある。他の判事の質問を聞き、彼らの考えがどう働いているかを知り、それが自分自身の考えを刺激する。」

5　裁判官会議の評議

(1)　会議の意義

判事たちは月曜日に口頭弁論で聴聞した四件の本旨を議論するため、水曜日午後に裁判官会議を開き、さらに火曜、水曜に聴聞した八件を議論するため、金曜日の会議を使う(11)。会議の議論は非公開で、「率直な議論、すなわち他の判事が推す弁論を進んで考慮に入れ、自己の見解をたえず検討し、さらに検討し直すということがなければならない」とパウエル判事は述べた。

議論の内容は明らかにされないので、結論についての投票とは別に議論の重要性は判断しがたい。一九世紀末に事件一覧表がより小さくなると、判事たちの合議のために会議が必要となった。事件は詳細に議論され、意見の相違は除かれた。判事たちは事件をいかに処理するか決定するばかりでなく、法廷意見について合意に達した。しかしそれは増加する事件の過重負担と共に確実に変化した。「われわれの仕事は熟考、省察、調整を伴う」とかつてダグラス(William O. Douglas)判事は述べた。そうした仕事はもはや会議では生じない。それは今や会議前後の各執務室や執務室相互間のやり取りの中で展開されている。会議は過去の合議から象徴的なものに変質し、今や合意を発見するためにのみ役立っているに過ぎない。判事たちが法廷意見について合意に達し、妥協を図る時間はもはやないのである。

(2) 評議時間

裁判官会議の評議時間は限られ、レーンクィスト首席判事は他の判事に立場を変えるよう説得できるのは「例外」であると言う。一九五〇年代末の最高裁の仕事の負担を調べた研究では、判事たちが各開廷期、口頭弁論を約一四〇時間聴聞し、会議で約一三二時間評議すると算定した。最高裁の事件一覧表にはほぼ二〇〇〇件が載っていた当時、各事件は会議で平均三、四分しか与えられないことを意味した。しかし多数の事件が、議論の提案さえされなかった。少なくとも六五%の事件が議論すらされないとすれば、残る事件はそれでもせいぜい一一分が与えられるに過ぎなかった。

事件一覧表は今や一九五〇年代末に比べ三倍以上である。最高裁は各開廷期、かつてより少ない事件の口頭弁論をより少ない時間(約一〇〇時間)で行い、会議ではほんの少し時間を多く(約一五〇時間)費やす。しかし全事件の少なくとも八〇%は今や、「議論リスト」を構成することさえない。議論なしの「デッド・リスト」により多くの事件を回すことにより、残りの事件各々に議論の時間は六分間残されるに過ぎない。各判事が「議論リスト」の各事件を論ずるには持ち時間一分以下しかない。会議で口頭弁論を経た事件の評議のみを行うと仮定すれば、月曜日の弁論を聴聞した四件について、水曜日午後の短い会議（一時間半ほど）で議論に平均二二分与えられる。火曜、水曜に弁論を聴聞した事件の本旨を論ずるため、定例の金曜日の会議の約半分を使い、全員による検討を認められる事件は評議に約二九分与えられる。判事たちは各々平均三分間、その事件の本旨に関する見解を表明することになる。

(3) 意見の不一致

事件によってはより長く議論され、一回の会議を繰り越すことさえある。しかし会議の議論は最高裁の判決形成にとってあまり重要ではない。全面審理と合意形成にあまり時間が割かれない慣行は、より多くの分裂した判決、判決への合意の減少をもたらしている。判事たちはもはや法廷意見に合意する時間も傾向もないので、彼らはより多くの個別意見を提出する。事件の現実および全面審理の減退が、制度としての法廷意見に必要な妥協へ到達することを難しくし、最高裁のイデオロギー的、個人的差異は強まることになる。

とくにここ数年、同意意見および反対意見の数の増大とそれに伴う全員一致判決の減少が見られる。最高裁判決の半数以上が反対意見を有し、全員一致は三分の一程度である。これとともに、五人以上の一致を見ない相対多数意見の判決が増加している。こうした判決は先例としての完全な権威を欠くものである。

確かに近年、最高裁が判断する争点の多くは、以前は提訴されなかった倫理的、社会的、政治的に分裂した問題を提起する。こうした争点は憲法条文には何ら直接的基準を有しないものである。最高裁が従うべき明確な指針は存在しないことを意味する。

(4) 票決

評議では首席判事が最初に事件を紹介し、関連事実、争点および適用する法について要約する。これを受けて就任の古い順に判事がその見解を明らかにする。そのさい通常、同時にその投票を示す。評議の主要作用は、議論のいずれの側が多数の支持を有するか決することである。

事件の判決を投票で決し、判事の一人が法廷意見を記す仕事を割り当てられる。法廷意見を割り当てる権限は首席判事が多数意見の場合、首席判事に属し、少数意見の場合は、多数意見の中で最も古い判事が割り当てを行う。法廷意見を起草する仕事を割り当てられた判事は、草案を作成して他の判事に送付する。他の判事はこれにコメントを付し、示唆をなし、草案の抱えている困難を強調する。一方、最高裁の意見が鋭く対立すると、少数意見の判事は反対意見を回覧し、多数意見の結論と理由づけを批判する。

実際にはロー・クラークがその判事に代わって意見を起草し、判事は署名する意見には自ら最終的な決断をする。論争的な事件では、意見の起草者は最初の草案の論点に反対の判事を考慮して書き直すため、何カ月もかかることはよくある。評議における投票は予備的投票に過ぎない。法廷意見の草案、コメント、および反対意見が判事の執務室を回覧されるにつれ、投票は変化する。事実、これが判事間の取引と妥協の生ずる段階である。法廷意見を起草する判事は個々の論点に関して他の判事たちの見解と調整を試み、彼らも法廷意見に加われるよう説得するのである。

判決の宣告は一九六五年まで月曜日になされるのが伝統であった。判事が意見全文を読み上げるのが一九三〇年までは慣例であったが、今日では要旨のみになった(**図3**)。

(5)　首席判事のリーダーシップ

会議における首席判事のリーダーシップは評議の進行、意見の割り当てにきわめて重要な働きをなす[12]。一九二〇年代以後、タフト(一九二〇年代)、ヒューズ(一九三〇年代)、ウォレン(一九五〇、六〇年代)は最も感銘を与える首席判事であった。タフトはきわめて印象深い友好的なリーダーであり、ヒューズとウォレンは友好的かつ有能なリーダーであった。他の陪席判事たちはこの三人の首席判事在任中、仕事がきわめて楽しく快適なものとなった。ストーン(Harlan F. Stone)(一九四〇年代)はヒューズの強力なリーダーシップの役割を継ぐことはできなかった。またバーガー(一九七〇、八〇年代)はウォレンほ

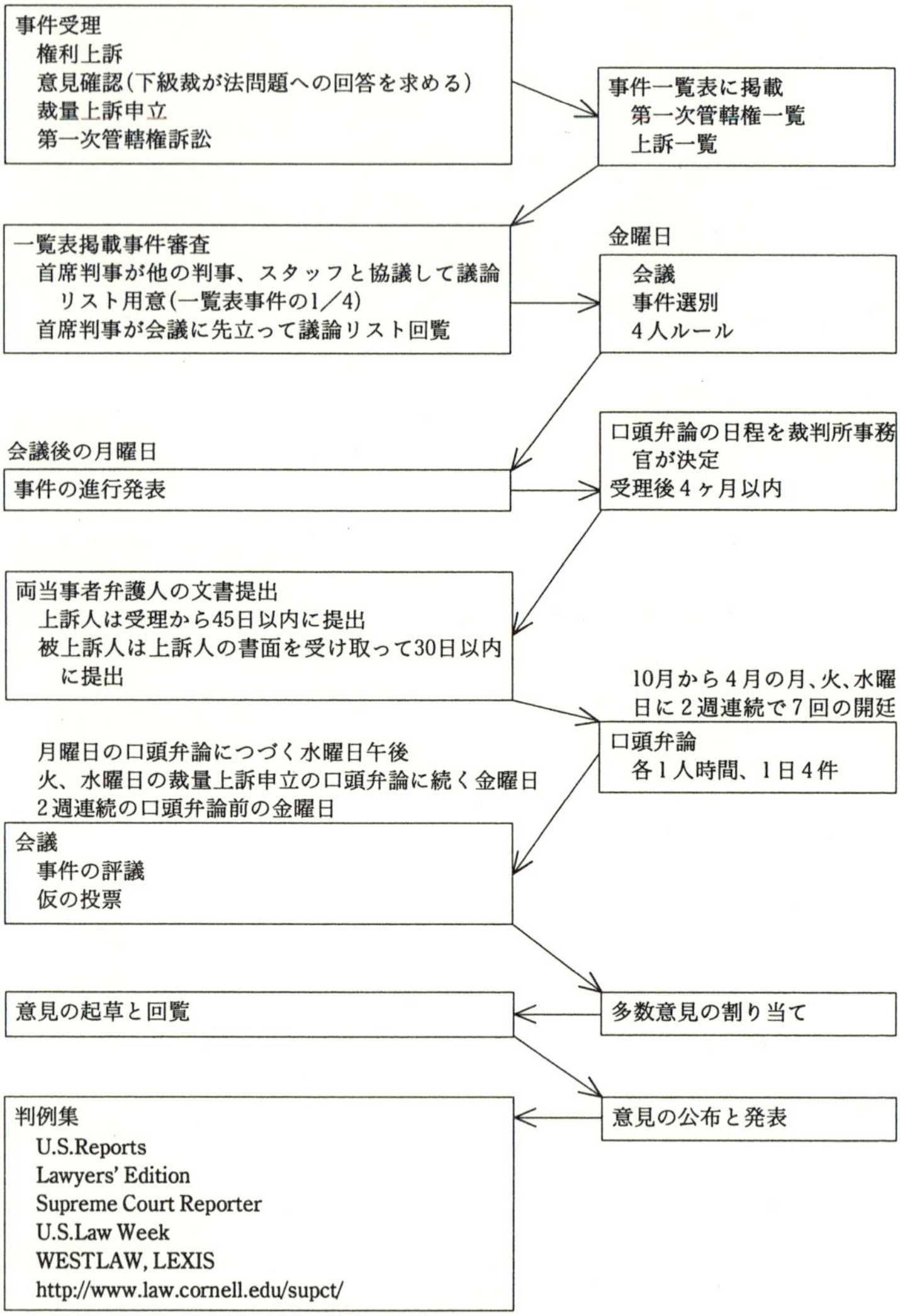

図3　事件の経過

(Lee Epstein, Jeffrey A. Segal, Harold J. Spaeth & Thomas G. Walker, *The Supreme Court Compedium* 47〔2nd ed., 1996〕)

ど有能ではなかった。

友好的リーダーシップと有能なリーダーシップは決定作成のスタイルと裁判所の効率性に影響を及ぼす点で重要である。確かに他の判事はほとんどの場合、その行動を方向付ける比較的一貫した態度を保持する。しかし熟練した首席判事は、意見がきわどく分かれる事件でとくに説得力があり、多数意見の内容に影響を及ぼしうるといえよう。

6　州裁判所制度と管轄権

州裁判所は州法にかかわる訴訟を扱い、州憲法および州制定法を解釈適用する(13)。連邦裁判所と同じように、それぞれ州の裁判所は階層構造をなしている。上訴を審理し、州法の解釈について最終的な判断をなす最終審はほとんどの州が最高裁と称する。しかしメイン、マサチュセッツ両州は最高司法裁判所(Supreme Judicial Court)といい、メリーランド、ニューヨーク両州では上訴裁判所と呼ばれる。なおニューヨークでは最高裁という名称は一般事実審裁判所に与えられている。

比較的人口の少ない一一州が二審制であるが、その他の州は事実審裁判所からの上訴を扱う中間上訴裁判所が置かれている。そのほとんどが一九六〇年代になって州最高裁の事件量の過重負担を緩和するために創設された。ネブラスカ州は一九九一年に、ミシシッピィ州は一九九三年に上訴裁判所が置かれ

表2　州裁判所

州最高裁判所		
	裁判官数	9人(Alabama, Iowa, Mississippi, Oklahoma, Texas, Washington)
		5人(19州)
		7人(24州)
		8人(Louisiana)
	任期	6年(16州)
		7年(2州)
		8年(12州)
		10年(12州)
		12年(4州)
		14年(New York)
		70歳(Massachusetts, New Hampshire)
		終身(Rhode Island)
州控訴裁判所		
	中間上訴裁判所なし	(Delaware, Maine, Montana, Nevada, New Hampshire, North Dakota, Rhode Island, South Dakota, Vermont, West Virginia, Wyoming)
	裁判官数	3人(Idaho)～88人(California)
	任期	4年(Kansas)～12年(California, Missouri)
州事実審裁判所		
	裁判官数	16人(Maine)～789人(California)
	任期	4年(8州)～15年(Maryland)　終身(Rhode Island)

(*The Book of the States 1998–99* 129)

るようになったばかりである。ノースダコタ州は暫定的に一九八七年から置かれた。カンサス州はかつて一八九五年から一九〇一年まで存在し、一九七七年に再び置かれるようになったが、最高裁の判事を三人から七人に増員したことで廃止された(**表2**)。

事実審裁判所は州ごとに異なる名称を有する。巡回裁判所、地区裁判所、上訴裁判所(superior court)などがある。民事・刑事事件を審理する一般管轄権を有する事実審裁判所はどこの州も有するが、またほとんどの州が保護観察、交通、少額訴訟のような特別の限定された管轄権を有する裁判所を置いている(**図4**)。

最高裁（ＳＪＣ）
７判事、そのうち５判事による法廷
民事･刑事、裁判官懲戒、勧告意見、第一次手続き事件の強制的管轄権
民事･刑事、行政機関、少年、中間判決事件の裁量的管轄権

↑

控訴裁
14裁判官
民事･刑事、行政機関、少年事件の強制的管轄権
中間判決事件の裁量的管轄権

↑

事実審裁判所
320裁判官

上級裁判部	地方裁判部	ボストン市裁判部
（14カウンティの23地区） 76裁判官 不法行為、契約、不動産所有権、民事上訴、その他の民事 重罪、軽罪 陪審制	（68地域区分） 168裁判官 不法行為、契約、不動産所有権、少額請求（1500ドル） 支持／保護、実父確定、精神的健康、民事事実審上訴、その他の民事 重罪、軽罪、飲酒運転 刑事上訴 交通／その他の違反 少年 予備審問 陪審制	（ボストン） 11裁判官 不法行為、契約、不動産所有権、少額請求（1500ドル） 支持／保護、家庭内暴力、精神的健康、民事事実審上訴、その他の民事 重罪、軽罪、飲酒運転 刑事上訴 交通／その他の違反 陪審制

少年裁判部	住宅裁判部	不動産裁判部	保護観察および家庭裁判部
（ボストン、ブリストル、スプリングフィールド、ウォチェスター・カウンティ） 12裁判官 少年 陪審制	（ウォチェスター、ハンプデン、ボストン、エセックス、ミドルセックス、ブリストル、プリマス・カウンティ） 6裁判官 不動産所有権 少額請求（1500ドル） 軽罪 予備審問 少額請求を除き陪審制	（州全体法廷） 4裁判官 不動産所有権	（14カウンティの20地区） 43裁判官 支持／保護、実父確定、家庭内暴力、その他の民事、排他的離婚、養子縁組、財産管理権

図４　マサチュセッツ州裁判所

第4章　判事任命

大統領は最高裁判事任命を、自己の政治的イデオロギーの使者を送り込むチャンスと見なしているのではないかと推測される。とはいえその重要な機会がいつも保証されているわけではない。大統領が最高裁判事任命の機会を持つのは平均して二二から二三カ月に一回である。ケネディ大統領は最高裁判事の最初の選任を「最も困難な決断の一つ」であったと述べている(1)。

1　任命プロセス

憲法第二条第二節は連邦司法府のメンバーを大統領が「指名し、上院の助言と承認により任命する」と規定する。最高裁判事の任命は指名と承認の過程の政治的争いに導かれる。指名された者を拒否する上院の権限は大統領が打ち勝たねばならない重要な障害である。最高裁に指名された者の中二六人が、その極端な政治的見解のゆえか、あるいはレイム・ダック(任期切れを控えた状態)の大統領による任命を上院が拒否することを望んだため、党派政治の犠牲になった。大統領任期の最後の年に指名された者のほぼ半数は上院で承認を得られなかった。

ほとんどの大統領が候補者選びと上院承認の責任を司法長官や親密な顧問に託する。司法次官がホワイト・ハウス・スタッフ、議会メンバー、知事、州および地方の法曹協会、さらには自薦の個人などによる推薦候補者リストをまとめることから始める。ハーディング大統領がバトラー(Pierce Butler)を任命したさい、最高裁に空席ができてから四四日間に五〇人ほどが彼を推したことが明らかにされている。大統領補佐官たちの委員会が行う政治的査定、およびアメリカ法曹協会（ＡＢＡ）の非公式の支持に基づいて、一つの空席当たり二、三人に絞られる。それから徹底的なＦＢＩの調査が始められ、ＡＢＡの公式の査定が求められる。これらの報告が審査されるたうえ、推薦状が大統領に送られる。上院司法委員会は指名される者と同じ州の上院議員にその賛成を求めて「青い紙片」を送る。一八四〇年代に始まった「上院の礼譲」の伝統のゆえに、大統領与党の上院議員、および任命される者の出身州が反対する場合は上院も承認を拒否するのが慣行である。反対がなければ、司法委員会小委員会で承認の公聴会が開かれ、最後に上院全体の承認という手続きを経る。

2　非公式参加者

ＡＢＡの活動の多くは政府の政策にかかわり、連邦裁判官任命も含まれる(2)。ＡＢＡの連邦司法委員会を通してそうした任命に影響力を行使しようとする。同委員会は地域を基にＡＢＡ会長が選出した一五人のメンバーからなる。同委員会の仕事は連邦裁判官候補の資格を審査することである。

ＡＢＡの連邦司法委員会は予想される最高裁判事の候補者をふるいにかけ、「適任」と「不適任」に評価することを一九五六年ブレナン判事の指名のさい始めた。ニクソンのヘインズワース（Clement

Haynsworth, Jr.)、カーズウェル(G. Harold Carswell)の指名――彼らを委員会はそれぞれ「最適任」と「適任」にランク付けていた――を上院が拒否したことからＡＢＡの評価システムに責任がおよんだ。それからは「最適任」「反対なし」「不適任」とランクされるようになった。

フォード大統領はスティヴンス判事指名前、同委員会に一五人を検討するよう求め、委員会の役割を認めた最後の大統領であった。ＡＢＡ委員会は指名候補者について事前の告知を受けなくなって、指名候補者の正規のランク付けを選出の後になすことに限定されている。同委員会は指名がなされた後にそれを行うがゆえに、指名候補者を不適格とすることには消極的となりがちである。一九八九年レーガン大統領が指名に失敗したボーク(Robert H. Bork)裁判官に対するＡＢＡの評価をめぐる論議の後、ＡＢＡは再び最高裁判事に指名される者の評価システムを「十分適任」「適任」「不適任」に変更した。

3　大統領の決断

クリントン大統領は一九九三年に指名候補者を探したさい、七五人のボランティアの法律家グループを使って四二人の候補者に関する情報を収集し、長大な履歴書を用意させた。

(1) 五つの要因

大統領は広範な考慮に基づいて選択を行う(3)。それは五つの範疇に分類される。すなわち、①能力と倫理の「客観的」基準、②政策選択、③政治的・個人的交際への報酬、④政治的支持の構築、⑤指名承認の見通しである。

第一の司法能力について、憲法学者ヘンリー・エイブラハム(Henry Abraham)は六つの基準をあげている。表に現れる司法的気質、専門的知識・能力、絶対的な人格的・専門職的高潔さ、有能・明敏・平静な精神、ふさわしい専門的教育の学歴もしくは修習、口頭においても文書においても明確な意思伝達能力である。とはいえ、司法的選択は政治そのものである。倫理的基準について、ダグラス・ギンスバーグ(Douglas H. Ginsburg)はレーガン大統領の指名候補者として発表された後、司法省在職中の財産トラブルおよび過去のマリワナ使用が明らかになった。とくに後者の事実は致命的で、ギンスバーグは自らの名前を検討対象から取り下げるよう求めた。

第二の政策選択では、大統領はすべて、重要な政策問題に関して見解を共有する者を最高裁に置こうとする。クリントン大統領はルース・ベーダー・ギンスバーグ(Ruth Bader Ginsburg)が中絶に関してプロ・チョイス(中絶選択の自由)の立場をとると判断しなければ、彼女を指名しなかったであろう。

とはいえ、大統領は指名候補者の政策選好を確認し、それが最高裁で投票や意見にどのように反映されるか予測することは必ずしも容易ではない。アイゼンハワー大統領はその任命した者の中二人、ウォレン首席判事とブレナン判事のリベラリズムについて心穏やかではなかった。事実、広く伝えられているが、信憑性に欠ける話では、大統領として何か誤りを犯したか問われて、「そう、二度、二人とも最高裁にいる」と答えたという。

第三に、最高裁への任命のいくつかは政治的支援に対する直接の報酬であった。アイゼンハワーがウォレンを首席判事に選んだのは、一つには一九五二年の共和党大会でアイゼンハワーの大統領候補者指名に、ウォレンがカリフォルニア州代議員のリーダーとして重要な支持をしたことから負った借りのゆえである。

第四の政治的支持の構築のうえから、最高裁の歴史を通して最も重要な特質は地域性であった。大統領は最大多数の投票者を喜ばせようとして、最高裁に全米の各地域の代表を据えようとした。この利益は地域的多様性という実際的価値によって強められた。一八九一年まで、最高裁判事は巡回区を回り、全米の指定された地域で連邦下級裁の裁判官に手を貸した。それで最高裁判事をその代表する巡回区から選ぶことが重要であった。しかしながら巡回の責任の廃止と投票者の間の地域主義的意識の明らかな減退と共に、地域性は一般に重要な基準ではなくなった。

第五に指名承認にあたって摩擦を回避しようとする気持ちから、大統領は強硬なリベラルや保守派よりも比較的穏健派とされる者を選ぶことになる。そうした選択は大統領与党が上院の多数派ではないとき、とくにおこりうるのである。

大統領与党が上院で多数派であるとき、指名された者の九〇％は承認を獲得している。しかしながら野党が上院で多数を占める場合には、六一％で承認を得られたに過ぎない。

(2) 政　党

大統領選挙により政権の交替があると、それは常に司法の任命を支配する。大統領は政党を超えて最高裁に党派的均衡をもたらす努力はほとんどしない。最高裁判事を務める者の党派支持は主としてその大統領後援者としての相互関係を反映する。これまで任命された最高裁判事の政党支持は以下のようである。

フェデラリスト　一三人　　ホイッグ　一人　　民主共和派　八人
共和党　四二人　　民主党　四四人

民主党大統領では最高裁判事の空席を満たすのに政党の壁を越えた大統領はトルーマンただ一人であった。共和党支持のストーン判事がフランクリン・ローズヴェルトにより首席判事のポストに登用されたことはあったが、しかしローズヴェルトは八つの席を民主党員で満たした。一九四五年に亡くなった後、民主党のトルーマン大統領は引退するロバーツ判事の席に共和党員を指名するよう、かなりの強い圧力に直面した。かくして共和党上院議員バートン(Harold H. Burton)の選択は政治的圧力に促されたものであったが、二人は一〇年来の親友であった(表3)。

共和党大統領はもっと民主党支持者を指名しているが、それは政治的に得策であるか、個人的・イデオロギー的適合性による場合に限られた。政党の壁を超えた最初の任命は、名ばかりのホイッグのタイラー大統領によってなされた。彼の指名した者が相次いで上院で拒否された後、一八四五年に民主党のネルソンを指名したが、それは民主党大統領ポークが就任する直前であった。一般投票では過半数を大きく下回って選ばれたリンカーン大統領は政治的支持を拡大しようとして、北部と西部の民主党向けのジェスチャーとしてカリフォルニア州のフィールド(Stephen J. Field)を任命した。ハリソン大統領は一八九二年に再選に敗れ、民主党大統領クリーブランドの就任式をあと数日に控えてジャクソン(Howell E. Jackson)を指名した。タフト大統領はホワイト(Edward D. White)判事を首席判事のポストに登用し、さらに友人でイデオロギー的に近い関係のルートン(Horace H. Lurton)を任命した。タフトが別に民主党から任命したラーマー(Joseph R. Lamar)は、最高裁に政治的均衡を達成するため純粋に政党の壁を超えた例であった。ハーディング、アイゼンハワー両大統領はバトラー、ブレナンをそのカトリックとの関連および保守的見解の持ち主と伝えられたところから任命した。ニクソン大統領はヴァジニア州出身の民主党のパウエルをその保守的「厳格解釈論的」見解のため指名した。

表３

年	大統領	首席判事	陪席判事							
1937	FDR (D)	Hughes								
			Black (Ala)							
								Reed (Ky)		
				Frankfurter (Mass)		Douglas (Conn)				
							Murphy (Mich)			
		Stone (R) (NY)			Byrnes (SC)				Jackson (NY)	
					Rutledege (Iowa)					
1945	HST (D)									Burton (R) (Ohio)
		Vinson (Ky)								
					Minton (Ind)		Clark (Texas)			
1953	Ike (R)	Warren (Cal)								
									Harlan (Ill)	
					Brennan (D) (NJ)			Whittaker (Mo)		
										Stewart (Ohio)
1961	JFK (D)									
				Goldberg (Ill)				White (Colo)		
1963	LBJ (D)									
				Fortas (Tenn)						
							Marshall (NY)			
1969	RN (R)	Burger (Va)								
				Blackmun (Minn)						
			Powell (D) (Va)						Rehnquist (Ariz)	
1974	JF (R)									
						Stevens (Ill)				
1976	JC (D)									
1980	RR (R)									
										O'Connor (Ariz)
		Rehnquist (Va)								
1988	GB (R)		Kennedy (Cal)							
					Souter (NH)					
							Thomas (Va)			
1992	BC (D)									
								Ginsburg (Va)		
				Breyer (Mass)						

(Abraham, *The Judicial Process* 374–9〔6 th ed., 1993〕)

(3) 地　域

地域という要因は任命にとくに目立つものであった。建国期、地域的代表は最高裁と連邦政府の正当性を確立するのに重要と考えられた。最初の一世紀、空席の四分の三は前任者と同じ地域から任命された。

国土が西に向かって拡大するにつれ、大統領は新しい州や地域に代表権を与える傾向があった。南北戦争後、移民の流入とセクショナリズムの減退、さらに一八九一年に議会が巡回裁判を停止したことは、地域の重要性を減少させた。今世紀の任命では出身地を要因としたのは少数で例外的であった。タフト大統領が一九一〇年にワイオミング州出身のヴァン・デバンター(Willis Van Devanter)を選んだのは、最高裁に西部出身者を入れることを決意したからであった。タフト自身首席判事になった後、最高裁に地域的均衡をもたらす必要からハーディング、クーリッジ大統領にロビー活動を続けた。フランクリン・ローズヴェルトがラトレッジを指名したとき、「有能な候補者はたくさんいたが、地域的ポイントがなかった。君にはそれがある」と語ったという。

最高裁の一〇八人のメンバーは三一州を代表しているに過ぎない。半数以上は七州の出身であった(4)。

ニューヨーク　一三人　　オハイオ　一〇人　　マサチュセッツ　九人
ヴァジニア　八人　　ペンシルヴァニア　六人　　テネシー　六人

ケンタッキー　五人

地域的多様性はより下位の連邦控訴裁裁判官の選抜には依然として重要である。人口、事件量、一巡回区の各州出身の裁判官数に基づいて均衡が図られねばならないからである。

(4) 経歴

憲法は最高裁判事が法律家であることを要求していない。しかしながら実際は、この経歴は絶対的である。最高裁の歴史の最初の一〇〇年間、判事となったもののほとんどは当時、一般的であった実践に従った。すなわち実務法律家の下で徒弟として働くことであった。一九世紀の初めから七五年間、われわれの知っているようなロー・スクールは存在せず、第一次大戦まで法律専門職の大多数が見習いという身分を通して法を学んだ。一九四一年に任命されたバーンズ(James F. Byrnes)が徒弟制によって法律を学んだ最後の判事である。ウィテッカー(Charles E. Whittaker)判事がリード(Stanley F. Reed)判事の後を継いだ一九五七年になって初めて、最高裁の全員が法学位を持つに至った。その後はすべて、今や慣行的ルートであるロー・スクールの訓練を受けている。より権威あるロー・スクールの卒業生が高い割合を占める。現在の九人の判事のうち七人がハーバード、イェール、あるいはスタンフォードで法学位を受けている。

最高裁判事には法律専門職の地位、すなわち連邦と州の下級裁、および行政部門から不相当な数が任命されている(5)。

連邦裁判所	二七	法律実務職	二五	州裁判所	二一
行政部門	二一	連邦上院	六	州知事	三
連邦下院	二	教授職	二	その他	一

とくに一九三七年以後の三三人の判事のうち一六人は現在の七人も含め、任命時、連邦控訴裁裁判官であった。それは最高裁で扱われることになる争点を処理する経験を積むことになったであろう。最近の大統領はとくに判事候補者の政策選択に関心が強いので、最近任命された八人が現職裁判官であったことは驚きではない(**表4**)。しかし司法的経験の欠如は障害ではない。最高裁判事に就任した一〇八人のうち八四人が連邦あるいは州裁判所の経験が一〇年以下であった。六人の首席判事(マーシャル、チェイス(Salmon P. Chase)、ウェイト(Morrison R. Waite)、フラー(Melville W. Fuller)、ウォレン)が何ら経験を有しなかった(**表5**)。

表4　現在の最高裁判事

レーンクィスト (William H. Rehnquist)
1924生まれ
1952法学位 (Stanford Univ.)
1952－53最高裁ロークラーク
1953－69弁護士
1969－71連邦司法省
1971最高裁判事
1986最高裁首席判事

スティブンス (John Paul Stevens)
1920生まれ
1947法学位 (Northwestern Univ.)
1947－48最高裁ロークラーク
1949－70弁護士
1970－72連邦控訴裁裁判官
1975最高裁判事

オコナー (Sandra Day O'Connor)
1930生まれ
1952法学位 (Stanford Univ.)
1952－53カウンティ副検事
1953－65家事
1965－75アリゾナ州議会下院議員
1975－79アリゾナ州下級裁裁判官
1979－81アリゾナ州控訴裁裁判官
1981最高裁判事

スカーリア (Antonin Scalia)
1936生まれ
1960法学位 (Harvard Univ.)
1960－67弁護士
1967－71ロースクール教授
1971－77連邦政府法専門家
1977－82ロースクール教授
1982－86連邦控訴裁裁判官
1986最高裁判事

ケネディ (Anthony M. Kennedy)
1936生まれ
1961法学位 (Harvard Univ.)
1961－75弁護士
1975－88連邦控訴裁裁判官
1988最高裁判事

スーター (David H. Souter)
1939生まれ
1966法学位 (Harvard Univ.)
1966－68弁護士
1968－76ニューハンプシャー州検事局
1976－78ニューハンプシャー州検事
1978－83ニューハンプシャー州下級裁裁判官
1983－90ニューハンプシャー州最高裁判事
1990連邦控訴裁裁判官
1990最高裁判事

トーマス (Clarence Thomas)
1948生まれ
1974法学位 (Yale Univ.)
1974－77ミズーリ州検事局
1977－79企業専属弁護士
1979－81連邦上院議員立法アシスタント
1981－82教育長官補佐官
1982－90連邦雇用機会均等委員会委員長
1990－91連邦控訴裁裁判官
1991最高裁判事

ギンスバーグ (Ruth Bader Ginsburg)
1933生まれ
1959法学位 (Colombia Univ.)
1959－61連邦地裁ロークラーク
1961－63ロースクール講師
1963－80ロースクール教授
1980－93連邦控訴裁裁判官
1993最高裁判事

ブレヤー (Stephen G. Breyer)
1938生まれ
1964法学位 (Haravard Univ.)
1964－65最高裁ロークラーク
1965－67連邦司法省
1967－80ロースクール教授
1974－75, 1979－80上院司法委員会スタッフ
1980－94連邦控訴裁裁判官
1994最高裁判事

(Baum, *The Supreme Court* 62－3〔5th ed., 1995〕)

表5

判　事	任命年齢	在職期間（年）		裁判官経験	ロー・スクール
McReynolds	52	1914–26	26	0	
Brandeis	60	1916–39	22	0	
Clarke	59	1916–22	5	2	
Taft	64	1921–30	8	13	
Sutherland	60	1922–38	15	0	
Butler	60	1923–39	16	0	
Sanford	58	1923–30	7	14	
Stone	53	1925–46	21	0	
Hughes	68	1930–41	11	0	
Roberts	55	1930–45	15	0	
Cardozo	62	1932–38	6	18	
Black	51	1937–71	34	1	Alabama
Reed	54	1938–57	19	0	Columbia
Frankfurter	57	1939–62	23	0	Harvard
Douglas	41	1939–75	36	0	Columbia
Murphy	50	1940–49	9	7	Michigan
Byrnes	62	1941–42	1	0	
Jackson	49	1941–54	13	0	Albany
Rutledge	49	1943–49	6	4	Columbia
Burton	57	1945–58	13	0	Harvard
Vinson	56	1946–53	7	5	Centre (Ky)
Clark	50	1949–67	8	0	Texas
Minton	59	1949–56	7	8	Indiana
Warren	62	1953–69	16	0	California
Harlan	56	1955–71	16	1	NewYork
Brennan	50	1956–90	34	7	Harvard
Whittaker	56	1957–62	5	3	Kansas City
Stewart	43	1958–81	22	4	Yale
White	45	1962–93	31	0	Yale
Goldberg	54	1962–65	2	0	Northwestern
Fortas	55	1965–69	3	0	Yale
Marshall	59	1967–91	24	3	Howard
Burger	62	1969–86	17	13	St. Paul
Blackmun	62	1970–94	24	11	Harvard
Powell	65	1972–87	15	0	Washington&Lee
Rehnquist	58	1972–		0	Stanford
Stevens	52	1975–		5	Northwestern
O'Connor	51	1981–		6	Stanford
Scalia	50	1986–		4	Harvard
Kennedy	52	1988–		12	Harvard
Souter	51	1990–		12	Harvard
Thomas	43	1991–		1	Yale
Ginsberg	60	1993–		13	Columbia
Breyer	56	1994–		14	Harvard

（Abraham, *The Judeicial Process* 55–6〔6th ed., 1993〕）
（Baum, *The Supreme Court* 60–3〔5th ed., 1995〕）

4　マイノリティの任命

(1)　宗　教

宗教、人種、性は歴史的に最高裁の任命の基礎というよりもむしろ障害であった(6)。一〇八人の最高裁判事のうち圧倒的多数の九三人が主要なプロテスタント会派である。すなわち五五人は旧来の系統の宗派(監督派、三位一体派、会衆派、クェーカー)、三七人がその他、たとえば浸礼派、メソジスト派、ルター派、使徒派などである。残りの一六人のうち九人はカトリック、七人はユダヤ教であった。

宗教は政治的象徴としての意味を有するが、二〇世紀まで司法的選択ではほとんど役割を演じなかった。「カトリックの席」や「ユダヤ系の席」は、大統領が最高裁に宗教的均衡を与えようと努めたというよりも偶然創られたのであった。その代表的機能は純粋に象徴的である。制定法の解釈にカトリックとユダヤ教が十分明確な立場を有しているとは言えない。またカトリックあるいはユダヤ教信者の任命は、その判事の投票にあたって教義が反映されることを保証するものではない。ブレナン判事はカトリックであるが、女性の中絶をなす権利を支持するロー対ウェイド判決(Roe v. Wade〔一九七三〕)で、教会の教義に留意することはなかった。さらに任命にあたっての宗教的、人種的考慮はより適任の人物が見逃されるという点できわめて擁護しがたい危険なものに思われる。

最初のカトリックは首席判事ターニーで一八三五年に任命されたが、ジャクソン大統領が友人で顧問の彼を選んだことは宗教とほとんど関係がなかった。ターニーの死から三〇年して次のカトリックであるホワイトが一八九四年に任命されたが、この時も宗教は小さな役割を演じたに過ぎない。もっとも一九一〇年にはタフト共和党大統領は彼を首席判事のポストに登用するよう促された。ホワイトが「民主党員でカトリックであり南部出身」であったことが大きかった。ホワイトの任命から一九四九年まで最高裁には常に一人はカトリックがいた。ストーン首席判事はバーンズの後任に同じカトリックの名前があがったさい、すでにマーフィ(Frank Murphy)が占めている席に加えて、カトリックがこれを指定席と考えることのないようその人選に反対した。一九四九年にマーフィ判事が死去したさい、トルーマン大統領はカトリックを任命せざるを得ないとは考えなかった。かくして一九五六年にアイゼンハワー大統領がブレナンを任命するまでの一時期、最高裁にカトリックはいなかった。アイゼンハワーは二大政党制に忠実で、「われわれは最高裁が非党派であるべきだという宣言を実践しようとしていることを示す」ために、「きわめて誠実なカトリックで保守的な民主党員」を望んだのであった。対照的にレーガン大統領は二人のカトリック、スカーリアとケネディ(Anthony M. Kennedy)を任命した。もっとも彼は明確に保守的司法哲学を最高裁に吹き込むことを求め、指名したものの宗教には全く注意を払わなかった。

ユダヤ教については一九一六年にウィルソン大統領がブランダイス(Louis D. Brandeis)を任命して初めて、最高裁はユダヤ系判事を得た。彼に対する反対は必ずしも反ユダヤ主義ではなく、大部分はブランダイスの進歩主義的な法的見解とウィルソンの政治改革に対する敵意に基づいていた。ブランダイスの任命後は「ユダヤ系の席」の期待が明らかになった。一九三九年にカードーゾ(Benjamin N. Cardozo)の後を継いだフランクファーターが一九六二年に身を引いたさい、ケネディ大統領は労働長官のゴールドバーグ(Arthur J. Goldberg)を指名した。三年後ジョンソン大統領はゴールドバーグに国連大使になるよう説得し、その後を大統領の友人のフォータス(Abe Fortas)が埋めた。一九六九年フォータスの辞任以後、一九九三年にクリントン大統領がギンスバーグを任命して「ユダヤ系の席」が復活した。

最高裁における宗教的代表は政治的象徴ではあるが、カトリックとかユダヤ系というよりも、大統領との個人的、イデオロギー的適合性のゆえに選ばれた方が多かった。

(2) 人　種

公民権運動の高まりの中で黒人を最高裁判事に任命するという象徴的意義は決して小さくなかった。ケネディ政権はこれを真剣に検討し、具体的人選も行われた。しかしこれに先立って住宅・都市開発省の創設と初代長官に黒人を当てることを公表し、そのスタンド・プレーが強い反発を招くことになり、同省の創設まで覆された。黒人の重要ポスト任命に対する反対が、かえってジョンソンにはマーシャル任命という公約を果たさせる力になった。マーシャルはＮＡＡＣＰの指導的な法的保護および教育基金弁護士として、画期的な学校非分離判決を勝ち取ったブラウン対教育委員会事件を弁論して全国的に知られていた。一九六一年にケネディが彼を第二回巡回区の控訴裁判官に指名し、その後ジョンソンは訟務長官になるよう説得した。訟務長官として最高裁で政府を代表する経験を積み、最高裁判事に登用されるという戦略であった。一九六七年ジョンソンは公約を果たした。

最初の黒人で最後のリベラル派判事マーシャルの後任に、ブッシュ大統領はトーマス(Clarence Thomas)を選んだ。その一年前、ブッシュは彼をコロンビア地区巡回控訴裁のボーク裁判官の席の後に任命をしていた。トーマスは一九八〇年代、共和党内で台頭する黒人保守派の世評を確立し、アファーマティブ・アクションやブラウン判決にさえ疑義を呈していた。上院における承認はセクシャル・ハラスメントの疑いも露呈し、三週間の聴聞の後、五二対四八の投票でかろうじて可決された。マーシャルも、またトーマスの任命もまさにときのアメリカ政治を象徴するものであった。

(3)　性　別

女性の任命を求める政治的圧力は数十年にわたって形づくられたが、一九七〇年代に性の平等の権利を定める憲法修正の採択をめぐる闘いと共にいっそう強まった。ジョンソン大統領は女性を考慮に入れるよう勧められ、その中に全米女性機構のバーバラ・ジョーダン(Barbara Jordan)がいた。ニクソン大統領も女性の指名を考えた。しかし「概して最高裁に指名される資格のある女性の裁判官や法律家は」彼が任命される者に設けていた「厳格解釈論者の基準を満たすにはあまりにリベラルである」と彼は主張した。

一九八〇年にレーガン大統領は女性を任命することを選挙キャンペーンで公約した。一年もたたないうちに彼は、その公約をオコナーを指名することで果たした。オコナーは共和党政治の階段を上り、アリゾナ州司法次官から州上院議員に進み、そこで多数党指導者となり、さらに州控訴裁の裁判官に就任していた。全米女性機構総裁エレノア・スミール(Eleanor Smeal)は「女性の権利の大勝利」と表明した。

クリントンの指名を受けたギンズバーグは若いころオコナー以上のいばらの道を歩んだ。コロンビア・ロー・スクールを首席で卒業したものの就職口はなく「女性、ユダヤ人、子持ちではスリー・ストライク。マイナスが多すぎた」と後に語っている。フランクファーター判事のロー・クラークを女性を理由に断られた経験も有した(7)。

宗教、人種、性は政治的に象徴的で主として選挙民の意識の変化を反映する。将来、こうした考慮は最高裁にいっそうエスニックな代表権――ヒスパニック系、あるいはアジア系の任命――を望む期待と競うことになるであろう。しかしいまのところそうした考慮は最高裁を詰め替えようとする大統領にとって自分と個人的、イデオロギー的に一致することほど重要ではないであろう。

5　身分保障

一八六九年以後、高齢の最高裁判事は辞任しても給与は継続して支払われることを規定する議会立法によって、最高裁を去るよう促されている。ニューディールのさい、「九人の老いた」判事による違憲判決に業を煮やしたローズヴェルトはコート・パッキング・プランを提案した。そこでは判事が七〇歳に達し、恩給つきで退職の機会を利用しようとしないとき、大統領は上院の承認をもって新しい判事を任命できるとしていた。このプランは結局挫折した。今日、七〇歳以上であれば、一〇年以上連邦裁判官であった場合、また六五歳以上で一五年以上連邦裁判官であった判事は、引退時点の給与を受ける。この基準に合致する判事は引退後、連邦裁判所で一定の仕事――一般にはフル・タイムの四分の一の仕事――を行う限り、現職判事に認められる昇給を受けることができる。かくしてもはや最高裁に留まる強い金銭的動機は有しない。

罷免は重大な脅威である。サミュエル・チェイス(Samuel Chase)判事は一八〇〇年アダムス大統領再選運動に参加したこと、また一八〇三年にメリーランド大陪審に対し、分別のない党派的発言を行ったことにより、弾劾にさらされた。チェイスは弾劾され、その措置は主として彼の政治的な裁判処理のゆえに正当化されたが、上院は一八〇五年に彼を復帰させた。同じ年、ジェファソン大統領はジョンソン(William Johnson)判事を巡回裁判の間にフェデラリスト哲学を拡げたことに対し弾劾しようとして不首尾に終わった奮闘の後、弾劾は「単なるこけおどし」であると結論づけた。

しかしながら議会の議員の多くは、裁判官が「過誤なきこと」を主張できず、あるいは「職務の意図的非行、すなわち職務を故意に継続して果たさないか、飲酒癖、あるいはその他、司法職の評判を落とすような司法行政を害する行為」のある場合、辞職を勧告しうることを強く主張する。対照的に弾劾は起訴されるべき犯罪について弾劾裁判で有罪の決定を必要とする。フォード大統領はダグラス判事を辞めさせようと試みたとき、弾劾訴追を行う「下院の多数が歴史のある時点で決定することはどんなことでも」そのゆえに最高裁判事を辞めさせられると強調した。その立場は司法権の独立を厳しく制限するものであり、最高裁判事を議会における政治的な反対に対して敏感にさせるであろう。しかし建国の祖父たちは、弾劾によってしか免職はできないとすることで司法権の独立を保障しようとし、これまで連邦裁判官は犯罪の場合を除き弾劾されたことはない。連邦裁判官では弾劾手続きの下に置かれ、審判を受けたのは一一人で、弾劾されたのは七人に過ぎなかった。

6　連邦裁判所裁判官の選任

連邦裁判官の選任は連邦ならびに州政治がかかわってくる(8)。控訴裁・地裁の裁判官については大統領が任期中に多くの任命をなし、その選任は司法省の与党法律家に権限を委任することが一般的である。上院もこれらの裁判官の選任にきわめて強力な役割を果たす。

上院の礼譲は一八四〇年代にはかなり十分に確立されるようになった。個々の州で生ずるすべての連邦の官職への任命は、その州選出の上院議員が大統領と同じ政党の場合、実質的にその影響を受けるのが慣例である。とくに大統領与党の上院議員はその支持と合致しない同州の被命者には賛成しないよう同僚上院議員に要請できることを意味する。他のすべての上院議員はその要請を、同じような扱いを自分の場合にも期待して支持する。上院議員はその州を代表し州のさまざまな選挙民に受け入れられる裁判官を選ぶことに関心を示す。しかし自州で連邦の官職への任命が、主として党支持者、党献金者、その他の協力者への報賞として利用されることも確かである。大統領は個々の上院議員のなした選択にしばしばおとなしく従い、実体として、指名過程は大統領から上院に移る。

連邦地裁の場合、すべてがそれぞれの州の境界内であることから、州の政党政治と司法的任命の絆はほとんど自動的なものである。ここでは上院議員は通常、容易には挑戦できない巨大な権力を有すると考えられている。控訴裁裁判官の場合、上院の礼譲は機能しないと考えられる。なぜなら任命は州を越えた影響を有し、一人の上院議員や一つの州政治組織が自動的にかかわるわけではないからである。にもかかわらず、州の代表を維持するために一巡回区のいくつかの州の間でしばしば交替で任命がなされるのである。

ＡＢＡは連邦裁判官の選任でロビー活動をする。女性、黒人、市民的自由組織、産業界、学校、労働団体も、主要争点に対するその態度が自分たちと類似する裁判官の任命もしくは選任のためにロビー活動を行う。

上院司法委員会は承認に関する正規の公聴会を開き、上院本会議への勧告をなす。しかしそれは上院議員による推薦とともに型どおりの手順で進行する。上院議員と司法省が任命で合意できない稀な場合には、上院議員はその被命者の受け入れを強要して成功するのが常である。

レーガン・ブッシュと続く両政権は連邦裁判官の選任に大統領のより大きな影響力を主張した。両政権は、ホワイトハウス・スタッフと大統領の重要な補佐官が実質的に選任に影響力を有することを保証する新たな手続きを生み出した。ブッシュ政権は各空席毎に上院議員に三人の候補者を提出するよう要求し、政府の基準に合わない上院議員の推薦は拒否する権限を留保した。

7　州裁判所裁判官の選任

連邦裁判官の任命のシステムとは対照的に、州裁判所裁判官を選ぶ方法はかなり複雑である。それは州毎に異なり、それぞれの州の異なる裁判所の間でも同じではないからである。選任の方法には一般投票(党派および無党派)、知事や州議会の任命、これらの方法のある種の組み合わせ、あるいはいわゆるメリット・システムが含まれる。

北東部州の多くは植民地時代から全州的任命を使用してきた。しかしながら独立に伴って、いくつかの州が行政府に抗して、裁判官の立法府による選挙を採るようになった。一八二〇年代までに、新しい州は政府を人民により近付け、責任あるものとするジャクソニアン・デモクラシーの一環として、裁判官の党派的選挙を採用した。かくして初め、多くの州はこれにならって党派的選挙を使用したが、今日、それは南部でとくに支配的である。党派的選挙は各政党が一名ずつ候補者をたてて行う。党派を明示しない無党派選挙は、改革論者が政党やボスの影響力を多くの州・地方選挙から排除しようとして、一九〇〇年代初め、進歩党の運動とともに一般的となった。これは中西部や西部で最も一般的であった。

メリット・システムは一九四〇年代から使用されてきている。司法改革論者は党派性、選挙、あるいは行政府による無制約の任命が公正な裁判を損なうと考えた。無党派選挙でさえ、多くの州で政党が依然として候補者を支持し、あるいは政党指導者が支持する被命者に投票するよう強く影響を与えるのでこれを退けた。無党派選挙同様、メリット・システムは中西部および西部で最もよく採用されているが、他の地域にも広まってきている。最近、北東部の数州が全州的任命からメリット・システムに変更した（表6）。

メリット・システムは任命委員会に重きが置かれる。とくに、こうした委員会の法律家は裁判官に必要な法技術、経験、人格的資質に精通しているので、重要な役割を演ずることが期待されている。無党派の委員会が指名される者のリストを用意し、その中から知事あるいは立法府が任命する。任命された裁判官は一年間つとめた後、投票用紙に名前が掲載され、投票者がその裁判官を審査する。これはいわゆるミズーリ・プランとしてわが国の最高裁裁判官の国民審査制のもとになった。

表6 州裁判官選任方法

党派選挙	無党派選挙	行政府任命	立法府任命	メリット選択（ミズーリ・プラン）
		ほとんどの裁判官		
Alabama	California	Maine	South Calolina	Alaska
Arkansan	Florida	New Hampshire	Virginia	Arizona
Illinois	Georgia	New Jersey		Colorado
Mississippi	Idaho	Rhode Island		Connecticut
New York	Kentucky			Delware
North Carolina	Louisiana			Hawaii
Pennsylvania	Michigan			Indiana
Tennessee	Minnesota			Iowa
Texas	Montana			Kansas
West Virginia	Nevada			Maryland
	North Dakota			Massachusetts
	Ohio			Missouri
	Oklahoma			Nebraska
	Oregon			New Mexico
	South Dakota			Utah
	Washington			Vermont
	Wisconsin			Wyoming
		その他の裁判官		
Connecticut	Arizona	Alaska	Rhode Island	Florida
Indiana	Utah	California		New York
Kansas	Wyoming	Hawaii		Oklahoma
Maine		New York		South Dakota
Maryland		South Carolina		Tennessee
Missouri				Utha
New Jersey				
South Carolina				
Vermont				

例

マサチュセッツ：知事会議の助言と承認で知事が指名し任命する。司法指名委員会が無党派に基づいて知事に名簿を提出する。

インディアナ：最高裁、控訴裁、租税裁——7人の司法指名委員会が提出した3人の被命者リストから知事が任命する。任命から2年後の選挙で再任を求める。巡回区裁、地裁、カウンティ裁——無党派選挙。マリオン・カウンティ自治体裁——カウンティの任命委員会が提出する被命者から知事が任命する。

(Glick, *Courts, Politics & Justice* 117〔3 rd ed., 1993〕)

第5章　日米最高裁比較論

1　日本の最高裁

(1)　明治憲法下

①明治憲法下の大審院

最高裁の前身、大審院は明治八年(一八七五年)に設置された[1]。それは近代的法治国家の体裁を整え、条約改正を訴え、自由民権派への譲歩を示そうとするものであった。しかしながら行政事件訴訟は上等裁判所が大審院から独立して処理し、また司法卿が裁判官全体について監督権を確保した。その背景には、薩長藩閥に敵対する勢力が司法権の独立を名目に司法内部に形成されることを警戒するという意図もあった。明治一九年(一八八六年)に裁判官の身分保障が制定されて司法大臣から裁判官任免権が剥奪され、同二三年(一八九〇年)には裁判権に対する監督権も否定され、司法権の独立がここに確立した(**図5**)。そうした司法権の独立を象徴するものが大津事件であった。

②大津事件

大津事件は明治二四年(一八九一年)に訪日中のロシア皇太子が、大津で警邏中のロシア脅威論を盲信する津田三蔵に襲われ負傷した遭難事件である[2]。明治政府は日露関係の破綻を恐れて、旧刑法の大逆罪を擬して犯人を死刑に処断するよう司法に求めた。大審院長児島惟謙は日本の皇室に対する大逆罪の

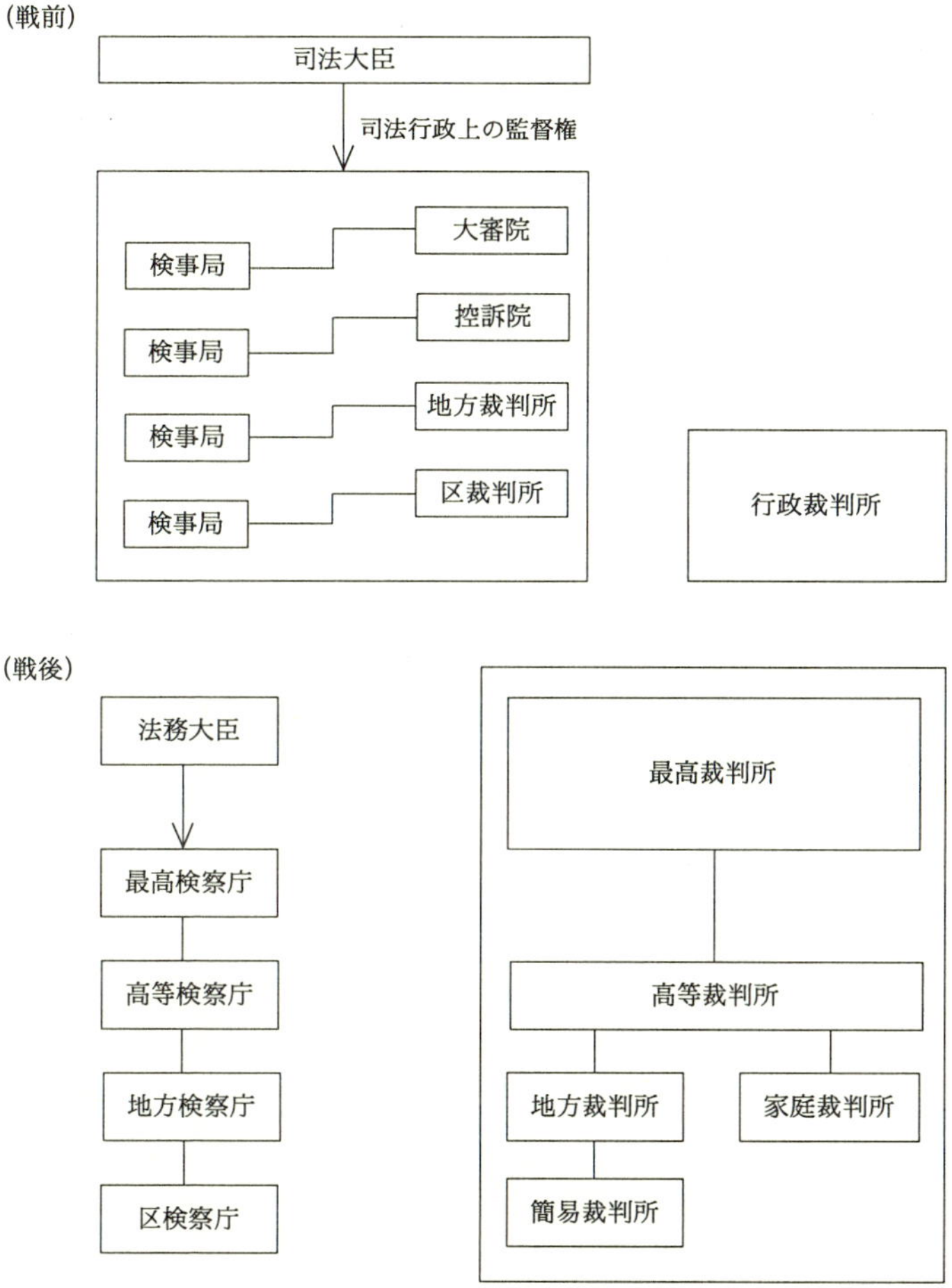

図５　戦前・戦後の司法制度

(『判例タイムズ』1017号〔2000年〕13ページ)

規定を外国の皇室に適用することはできないとして、普通謀殺未遂罪を主張した。松方正義総理は「国家ありての法律なり、法律は国家よりも重大なる理由なし」とし、「国家の大事に臨みては、区々なる文字論に拘泥せずして国家生存の維持を図るべからず」と重ねて司法に勧請した。しかし児島院長は行政府の裁判官に対する干渉を排斥し、大審院は犯人に無期徒刑の判決を下した。児島は「法の尊厳と裁判の独立を守ることこそ、真の国家の自主性と尊敬を確保する道」であると胸を張った。

確かに行政権に対する圧力から司法権の独立は守られ、児島惟謙は「護法の偉人」と称えられ、一つの神話と化した。とはいえ、司法内部では大津地裁の事件担当判事が大津地裁所長や大審院から独立した判断をなすことができたかといえば問題が残った。大審院長は大津地裁の事件担当判事に面接し、勧請を行い、判事は予審の権限のない所長に判断を一任した。所長は検事総長の意向に接すると、管轄違の決定を行って大審院に委ね、大津地裁で大審院裁判が開かれ即日判決が下された。これについて行政府の裁判官への干渉に対する防衛行為として、緊急やむを得ずとった行為であると考え、その行為によって保護しようとした司法権の政治権力からの独立という法益が、その行為によって侵害される司法権内部の裁判官の独立という法益と対比して均衡を保っていると認められるという弁護論も展開される。いずれにしても大津事件はまさに実体のない司法権の独立の神話として語り継がれることになった。

(2) 戦後司法改革

第二次大戦後の司法制度改革は各種の新憲法案に盛り込まれた[3]。一九四五年一一月に内閣に設置された憲法問題調査会は改革を四点に絞った。

一、大審院に法令審査権を賦与すべきこと。

二、行政裁判所を廃止して、通常裁判所に行政訴訟を所管させること。

三、検事局を裁判所から分離すること。

四、いわゆる法曹一元を実行するための準備をすること。

この四点のうち、法曹一元を除いて実現を見ることになる。

①法令審査権

法令審査権についてはマッカーサー草案では第七三条にこの規定があったが、それは現行第八一条とはかなり異なっていた。人権にかかわる場合に最高法院の判決が最終とし、その他の場合は国会が最高法院の判決を再審することができ、国会議員の三分の二の賛成をもって最高法院の判決を破棄することができるとなっていた。この背景には、強力な独立した司法部が国民の権利の保塁であると考える一方、アメリカで一九三〇年代のニューディール立法に対して違憲判決を繰り返した連邦最高裁に対し、司法寡頭制の弊を目にしたニューディーラー(ニューディール信奉者)がＧＨＱ(連合国総司令部)民政局スタッフとして、日本で立法部優位を構想した結果であった。

佐藤達夫司法省法制局第一部長の手記によれば、一九四六年三月四・五両日総司令部でのやり取りで、日本側は国会が自己の議決した法律の効力を判決することは多少問題と思えると質した。相手方はやや困却した表情であったが、それではあなた方の案はどうかと逆に訊いてきた。それで、この条文は重要条項なので全然抹殺するわけにもいかない。一応掲げて所見をうかがってみる所存であると応答した。相手方はそれでは憲法裁判の最終決定権はいずれにするのが良いと認めるのかとなお訊いてきたので、三権分立の見地から言えば、国会よりも裁判所とするのが良いと信ずると述べた。相手方はそれではそうしなさいというので、この部分を全部削除したという顛末が書かれている。

なお、八月一七日に司法法制審議会が第四次裁判所法要綱を民政局政治課のブレークモア(Thomas L. Blakemore)に手渡したさい、彼は法令審査権の「『法律、規則、命令または処分が憲法に適合するかしないか』という表現は精確ではない。裁判所は法律全体の無効を宣言するのではなく、ある事件で問題となった部分を判断するに止まる」と付随的違憲審査制であることを指摘している。

②法曹一元

三月六日憲法改正草案要綱が発表された後、ＧＨＱの民間情報部保安課法律班のマニスカルコ大尉は個人的試案と断って、司法省に裁判所構成法修正の提案を行った。その要点は次の三点であった。

一、憲法改正草案要綱に基づき、大審院判事の国民審査、大審院の規則制定権、下級裁判所の裁判官の任命に関する大審院の指名権に関する規定を設けること。

二、判事、検事は三年以上法科大学教授または弁護士であった者の中から任命または選任すべきものとし、いわゆる法曹一元を採用していること。
三、判事は特定の裁判所の判事として任命すべきものとしていること。

法曹一元が論じられ始めたのはその二〇年前のことで、在野法曹には常識となっていた。しかし司法部内の官僚的勢力がこれを阻んでいた。

司法法制審議会とＧＨＱの第二次会談（一一月二七日）では、司法修習が討議され、ブレークモアはその期間が「二年というのは弁護士志望の者には長すぎるのではないか」と日本側に質した。日本側は「二年というのは弁護士志望の者でもその間弁護士事務のみを修習するのではなく裁判官としての仕事、検事としての仕事、弁護士としての仕事すべてを一通り修習するのであってその期間が合計二年であるから長過ぎることはないと思う」と答えた。これに対し、ブレークモアは「志望によって志望する部門の仕事のみを修習させたらどうか」と提案したが、日本側は「志望外の部門の仕事を修習させることも大いに意義がある」とつっぱねた。法曹一元を考えた司法修習の位置づけは全く念頭になかったようで、二年間の司法修習で裁判官志望者は実務に就かせることになった。

③司法行政

第五次会談（一二月九日）は最高裁に置かれる事務総局の事務総長が焦点となった。ブレークモアは「事務総長が判事にも任命されるのか」とその性格に対する疑問を口にした。奥野健一司法省民事局長は、「もし事務総長が高文をパスし、司法修習生として修習を終えている人ならば判事にもなれる。任務は最高裁判所裁判官のやる仕事の準備をやる。例えばルールに関する事務、名簿の作成、司法事務処理のルール、弁護士に関する事務、事務官の採用に関する事務などを行う」と並べてみせた。ブレークモアは「左様な行政官がなぜ判事になる資格があるのか」と質した。奥野は答えて、「行政官ではあるが実際は判事になれそうな人があるであろうから、同じ様に司法関係に仕事をやっている以上、判事の任用資格に通算することにした」と固執した。ブレークモアは「行政事務が判事になるについて良い経験になると思われるか」疑問視し、奥野は、「例えば訴訟に関するルールを定めることに関する事務、立法的な仕事などは判事になるにつれてよい経験になると思う」とあいまいな答えに終始した。

一二月一四日、司法省民事局は「改正憲法における司法に関する基本的な問題」について相対立する二つの見解を整理している。これは大審院と司法省の見解が対立していた情勢を反映している。

裁判所に属する行政事務と内閣との関係では、甲説は、司法権の運用に付随するものとして法律上裁判所に属する行政事務は、最高裁判所の監督の下に裁判所が行うのであって、内閣が監督上の責任を負うことはない。内閣は裁判官の任命について責任を負うに過ぎないと主張する。乙説は、行政事務である以上、その本来の権限は内閣に属するものであって、内閣は国会に対して連帯して責任を負う。従って裁判所が行う行政事務も、当然内閣の監督を受けると解する。

裁判所と司法大臣との関係については、甲説によれば、裁判所は国会、内閣と鼎立するものである。

裁判所は司法大臣から全く独立すると解する。乙説は、国務大臣として司法大臣がある以上、裁判所に関する事項は、司法大臣を以てその主任大臣とすべきは当然で、この点、改正憲法は明治憲法と何ら変わるところがないとまで言い切る。

裁判所の会計についても両説は対立する。甲説は、裁判所の予算について最高裁判所が直接内閣にこれを提出し、独立して総予算に計上すべきであり、裁判所はその経理についても、内閣の監督を受けることがないと考える。これに対し乙説は、裁判所の予算は司法省予算の一部として司法大臣が提出し、裁判所の経理も当然司法大臣の監督に属する行政事務であるとする。裁判所の独立を保障するためには、司法大臣は最高裁判所の要求経費をそのまま計上し、裁判所の経理も、実際上、一切裁判所に任せて行わせることにすればよいという立場である。

こうした大審院と司法省の対立が、司法省が裁判所監督権を失うと、司法官僚の最高裁事務総局へのなだれ込みをもたらすことになる。

④下級裁裁判官

特別法案改正委員会は、翌一九四七年ＧＨＱと司法省が双方から全権を委任された委員を出して委員会を作り、これによって法案の審議促進を図ることになり、三月四日の第二回には細野長良大審院長と総司令部の間で下級裁裁判官の任命が問題となった。細野は、「大審院としては、在朝在野の法曹その他の人を集めて、別に一個の委員会を設け、その委員会の詮議に基づいて、最高裁判所が名簿を作り、これを内閣に出すという方法を、考えているのであって、この方法は、米英におけるが如く、委員会を強力なものにすれば、必ずうまくいくものと我々は信じている」とその考えを明らかにした。総司令部に「それでは院長は、内閣に選択権を与える案に、反対されるのか」ときかれ、細野は「しかり」と答えた。「日本の現状において行政機関殊に司法省に対して選択権を与えるが如きは、百害あって一利なきがゆえに、絶対反対である」と司法省に対する敵意を露にした。総司令部は、「しからば院長は、最高裁判所の作成した名簿（一名の欠員に対して一名の候補者だけを記載した名簿）に対して、内閣が拒否権を持つことを否定されるのであるか」と問う。細野は「その点は、慣習によっておのずからスムースにいくものと思うが、第一、最高裁判所と内閣との意見が対立したような場合には、その両者の外に、前に述べた委員会をまじえて、三者協議の上で解決すべきものと思う。要するに、内閣に対して選択権を与えるという議論は、理論的には結構だが、日本の現状においては、裁判所の独立を害する惧れが多分にあるので、賛成しかねる」とつっぱねた。しかし総司令部はさらに、「院長のお言葉は、諒解できない。内閣が最高裁判所の意見を重視して、勝手に任命するというわけではなく、最高裁判所の指名した者のうちから、適当と思われる一人を選ぶのであるから別段差し支えないのではあるまいか」と追及した。しかし細野は、「初めから、二人の候補者を用意するようなことをすれば、内閣が選択権を濫用することになって面白くない。それで自分としては、先刻も申したとおり、強力な委員会を作り、その詮議に基づいて最高裁判所の指名した者をそのまま内閣が任命するという慣習を作り上げなければならないと思うのである」とかわした。総司令部は「院長の言われるような方法を採ると、最高裁判所と内閣との間に摩擦を生ずる惧れがある」と懸念を示し、細野は「その心配はもっともだが、有力な委員会さえできれば、さような摩擦を生ずる余地は自らなくなると思う。このアイディアは英米法の特質であって、自分としては、この機会に、それを日本に採り入れたいと考えている」と、自らの決意を明らかにした。

裁判官再任については、法制局の想定問答で、「我国ではすべて専門の裁判官である実状に鑑み、十年の任期は短きに失する。従って原則として再任すべきものとする。名簿作成についても、この点を考慮すべきである」と答えを用意していた。司法省はかつて総司令部からこの点を問われてこう答えている。「最高裁判所が作成する名簿にのらなければ再任されないと解する。」

裁判官の政治活動についても、総司令部と日本側の認識の違いの大きさをがわかる。司法法制審議会とGHQの第四次会談(一九四六年一二月四日)で民政局司法・法律課のオプラー(Alfred C. Oppler)は、「衆議院議員選挙法第九条で判事に被選挙権を与えないことは宜しい。しかし判事が政党員になることを禁止することはいけない。政党員になることは市民的自由の問題である。判事が新聞に政見を発表することなども禁止する必要はない。判事が帝大の講師をしていてその講義中に特定政党の批判をすることなども差し支えない」という見解を述べた。奥野司法省民事局長は、「当方は判事が実際政治に関与することを禁止することを考えている」と答えた。オプラーは「判事が政党に関与し実際運動に携わって任務を怠るようなことがあれば、弾劾されるから心配ないではないか。例えば判事が現政府は資本家的で駄目だという様な批評をすることは品位を損なうことでいけないであろう」と具体的対応を示した。しかし内藤頼博民事局第三課長は、「判事が特定の政党に関係し、あるいは政治活動をするようなことは判決の公正を疑わせることになるからこれを禁止するとの考えである」と説明した。

⑤最高裁裁判官

第二次会談で、オプラーは最高裁裁判官について、「裁判官一五名の中任用資格を決定した一〇名を除く後の五名について例えば、労働法、心理学、厚生法、経済・会社関係の専門家という様にある程度資格を法定するのがよくはないか」と指摘し、日本側は「その点、我々の考えも只今言われた通り専門家ですぐれた人を入れたいという考えなのであるが、資格を決定するについては表現の仕方に困難がある」と応じた。オプラーは、「併し或る程度限定しないと、今考えている様な人が選ばれればよいが、内閣が政治的な考慮から政党員や議員、行政官などを入れると困る」と釘をさした。しかし日本側は、「必ずしも政治家などがいけないとは思わないが」と反論し認識の違いが明らかとなった。

一九四七年三月の第一回特別法案改正委員会では、総司令部が、「貴案によると、最高裁判所の裁判官を一〇人と五人の二つの範疇に分けることになっているが、これは、内部の分裂状態をひき起こす原因となってよろしくないと思われるが」と質した。谷村唯一郎司法次官は、「任命資格をいわゆるローヤーに限るよりもひろく国家の代表的人物を迎える方が、最高裁判所の権威を高からしめるゆえんだと考えている次第であって、なお、この意見は、司法大臣をはじめ日本政府全体が強く支持している意見なのである」と応じた。総司令部は、「しかし裁判官の本務は、判決を書くことであって、その仕事は、非常に専門的なものであるから、いくらりっぱな人物を任命しても判決もろくに書けないような者では、困るではないか」と懸念を示した。谷村は、「詮衡の資格を広めると言っても、なにも、無制限にするというわけではない。それに、又、仮に、多少、専門的知識が足りないような場合があっても、相互に補い合ってゆけばよいし、なお、一般国民の気持ちから言っても、最高裁判所の裁判官を、限られた、狭い範囲から採るよりも、広く、国家の代表的人物の中から迎えるようにした方が、最高裁判所というものを、尊敬するようになると思われるのである」と答えたが、総司令部からは、「国家の代表的人物は、議会に入るには適するであろうが、裁判のような専門的な仕事には、必ずしも適するとは思われない」と理解を得られなかった。

第二回(三月四日)でも、法案に対して今度は細野大審院長からも、「現在、在朝在野の法曹中には、識見の高い立派な人物も相当いる筈であり、殊に、政界財界における名士は殆ど、全部、弁護士を以て占められている実情であるにも拘わらず、何故司法省はそれ以外のところから、人物を求められようとされるのであろうか」と追及を受けた。谷村は、「司法省の原案では、一五人の最高裁判所の裁判官のうちで、すくなくとも一〇人は、法律の専門家から選ぶということになっておって、それは単なる最小限を示したものに過ぎず、場合によっては、一五人全部を専門家から採ることもできるのである。従って、現在司法省としては、右の一五人のうちの五人を必ず、素人のうちから選ぼうということを否定しているわけでは全然なく、専ら選考委員会の適当な運用によって、広く人材を選ぶことを考えているにすぎないのである」と応えた。細野は、「司法省の言われるような、強力なコミッティーができるのならば、問題はないが、日本の現状では、少しでも隙があると、すぐに政治的勢力に押さえられるのであるから、大審院としては、どうしても、司法省の案に賛成できない」と重ねて懸念を示した。総司令部は、「大審院長の御意見には、個人としては賛成であるが、この問題については、当方から正式の命令を出す意志はない」と、いわば匙を投げた。

(3)　最高裁の人事

四月一七日、吉田茂内閣による最高裁裁判官任命諮問委員会のメンバーが発表された。四月二三日ケーディス(Charles L. Kades)民政局次長は中央終連の山田政治部長に会い、委員会の候補者の人選問題について以下の如き方針を政府に伝えられたいと述べた(4)。

一、委員会が候補者について討審を行う場合には、最終的討審以前に於いて総ての候補者の資格審査を行い、もしパージにかかる者が出た場合にその欠員を補充し追放関係にかかって居らない者のみについて正式に討審を行う様にしてもらいたい。

二、最高裁判所の判事の人選は、その憲法上の地位が極めて重要であるにも鑑み十分慎重にこれを行ってもらう必要がある。即ち(イ)パージに引っかからない者であること、(ロ)法律家として十分に経験資格を持っていること、(八)政治的考慮のみに基づかないこと。

総司令部は公職追放者に気をつかっていたことがうかがえる。

ところが四月二五日に行われた衆議院議員総選挙の結果、五月二四日、社会党の片山哲内閣が成立する。こうした政治の動向に最高裁の人選も大きく左右されることになる。六月一六日、選挙管理委員を互選し、六月二〇日、全国選挙管理委員会が設置された。七月一〇日、任命諮問委員会の委員について全国で互選の投票が行われた。投票の権利を有する者は裁判官一二五〇人、検察官六五七人、弁護士六一二三人、元行政裁判所長官、評定官一一人であった。

諮問委員は衆参両院議長、全国の裁判官の互選による四人、全国の検察官、行政裁判所長官、評定官であった者の互選による一人、全国の弁護士の互選による四人、大学法律学教授で内閣総理大臣の指名する者二人、学識経験ある内閣総理大臣の指名する者二人であった。このうち裁判官から選ばれた諮問委員がいずれも自ら最高裁判事の席に着くことになる。

七月二一日、諮問委員会では候補者の率を決める方がよいという意見があり、裁判官、弁護士、および法曹以外の者の比率として六・六・三と五・五・五の案が出された。同二八日、諮問委員長より三〇名の候補者を内閣総理大臣に答申した。

発足した最高裁はその人的構成の点で、またそれと関連を有すると思われる最高裁の役割の点で、大きな問題を抱えていた。最高裁判事一五人は表見上、裁判官五人、弁護士五人、法曹以外の者五人の比率とされたが、実質的には裁判官は六人の枠を握った。弁護士がその分、枠を一つ失うようになり、その他は一時期、学者二人が維持されるかと思われたが、間もなく一人となり、検事二人、行政官一人、外交官一人が固定することとなる。

最大枠の裁判官が最高裁事務総局出身者で占められていることも問題である。裁判実務より司法行政に長けた者がそのキャリアの最後に高裁長官から最高裁判事に登り詰めるのが通例となっている。さらに最近の最高裁長官は事務総長経験者が占める傾向も強い。検事の二人を加えると、最高裁の過半数を彼らが構成することになり、その司法観が判決に反映されているのではないかと想定されてしまう。戦後しばらくは事務総局は戦前の司法省官僚がなだれ込み、司法省的発想で最高裁事務総局を通して司法府全体の行政運営が図られた。戦後の司法修習を受けて事務総長となった第一号は一九八二年の勝見嘉美で一九八六年には後に最高裁長官となった草場良八が就任しているが、このころには組織体として揺るぎない権力構造が作り上げられるに十分な時間が経過していたと言えよう(表7)。

なお弁護士からの四人の推薦については従来、ほぼ例外なく前任者と同じ弁護士会から選ばれていた。しかし一九九三年の大野正男判事の任命のときから、日本弁護士連合会は候補者の推薦手続きを改革し、在京三会などの特定の弁護士会の枠を廃止し、全国五二の全弁護士会の推薦を求め、人物本位の選考を進めた。その結果、同年の橋元四郎平判事(東京弁護士会)の後任には、神戸弁護士会所属の大白勝判事が選ばれている。

表７　裁判官出身の最高裁裁判官

	47	48	49	50	51	52	53	54	55	56	57	58	59	60	61	62	63	64	65	66	67	68	69	70	71	72	73
長官	三淵			田中										横田喜						横田正			石田				村上
第１小法廷												高木――													岸(４総)		
																		岩田								岸上(６)	
	岩松(大)									下飯坂(総)								松田――									
	三淵(大)																										
	47	48	49	50	51	52	53	54	55	56	57	58	59	60	61	62	63	64	65	66	67	68	69	70	71	72	73
第２小法廷	霜山(大)――																石田(１総)										吉田(３総)
																						村上					
	藤田(大)――																										
	47	48	49	50	51	52	53	54	55	56	57	58	59	60	61	62	63	64	65	66	67	68	69	70	71	72	73
第３小法廷																横田正(大総)							関根(９総)				
	井上(大)								垂水(大)――																		
												石坂(大)							下村(総)								江里口(３)
	島(大)														五鬼上(大総)――												
	47	48	49	50	51	52	53	54	55	56	57	58	59	60	61	62	63	64	65	66	67	68	69	70	71	72	73
事務総長	本間			五鬼上								横田正			下村			岸						吉田			安村
														石田			関根										

	74	75	76	77	78	79	80	81	82	83	84	85	86	87	88	89	90	91	92	93	94	95	96	97	98	99	00
長官			藤林			服部			寺田			矢口					草場					三好		山口			
				岡原																							
第１小法廷					戸田		谷口							四ッ谷					小野(４)								町田(12)
					中村(１)						矢口								三好					金谷(７総)			
												大内(６)															
	74	75	76	77	78	79	80	81	82	83	84	85	86	87	88	89	90	91	92	93	94	95	96	97	98	99	00
第２小法廷						木下							香川					大西(７総)							北川(９)		
			栗本(５)						牧(４総)							草場(５総)						藤井					
	74	75	76	77	78	79	80	81	82	83	84	85	86	87	88	89	90	91	92	93	94	95	96	97	98	99	00
第３小法廷		服部							安岡								可部							山口(９)			
															貞家					千種(総)							
							寺田(７総)					矢口(８総)															
	74	75	76	77	78	79	80	81	82	83	84	85	86	87	88	89	90	91	92	93	94	95	96	97	98	99	00
事務総長		寺田				牧	矢口		勝美				草場		大西			千種		金谷			泉			堀籠	
																川嵜											

(　) 内　大：大審院判事　数字：最高裁事務総局在任年数　総：事務総長

――：在任期間後、後任は裁判官出身者以外　下線：最高裁裁判官未就任

(4) 最高裁と違憲判決

最高裁は国民の声、司法に対する期待にどこまで応えてきたか、それは一つには憲法八一条の「最高裁は法律、命令、規則、または処分が憲法に適合するか否かを判断する最終審である」という点にみることができよう。最高裁の違憲判決は極めて少ない。その数少ない最高裁違憲判決を戦後最高裁の歴史の中で見てみよう。

短期で終わった初代長官の三淵忠彦コートに次いで最高裁をリードしたのは田中耕太郎長官であった。その五〇年代を画する事件として一九五二年の警察予備隊違憲訴訟と一九五九年の砂川事件がある。前者はわが国の違憲審査制が「司法権の範囲内において行使されるものであり、……具体的事件を離れて抽象的に法律命令等の合憲性を判断する権限」を裁判所は有しないことを明らかにした。後者では日米安保条約の憲法適合性について「主権国としてわが国の存立の基礎にきわめて重大な関係をもつ高度の政治性を有するものというべきであって、その内容が……違憲なりや否やの法的判断は、純司法的機能をその使命とする司法裁判所の審査には、原則としてなじまない」とするいわゆる統治行為論をとった。

六〇年代は前半が横田喜三郎長官の最高裁で、一九六二年の第三者所有物没収事件判決は、関税法によって「第三者の所有物を没収することは、適正な法律手続によらないで、財産権を侵害する制裁を科するに外なら」ず、憲法の法定手続の保障、ならびに財産権の不可侵に違反するとした。後半の横田正俊コートでは、一九六六年に全逓東京中郵事件、そして一九六九年都教組事件と続く判断で、公務員の労働基本権の「公共の福祉」による制限をひろく認める従来の立場を改めた。すなわち労働基本権の保障を重視し、公務員の争議行為への刑事罰の適用にしぼりをかけた。

ところが後を継いだ石田和外長官の下、最高裁は一九七三年全農林警職法事件で、事実上八対七で一転して労働基本権の制限をひろく認める方向転換を行った。他方において石田コートは「司法の危機」に直面する。一九六九年の平賀書簡問題から始まった裁判官の公正をめぐる論議の中、翌年の憲法記念日に石田長官は「極端な国家主義者、軍国主義者、無政府主義者、はっきりした共産主義者ということになると、少なくとも道義的には裁判官として好ましくない」と発言し、青年法律家協会に所属する者の裁判官任官、再任には反対の強硬な姿勢を示すことになった。

石田長官の退官直前の一九七三年尊属殺重罰規定違憲判決は、刑法の尊属殺の重罰規定を法の下の平等に反し違憲と判示した。もっとも当該規定はそのまま存続し、同種の事件には普通殺人の規定が適用されるという運用が続き、ようやく一九九五年に刑法を全面的にカタカナから平仮名に改めた際、尊属殺規定は削除された。

七〇年代の半ばは村上朝一長官の下、二つの違憲判決が下された。一九七五年の薬事法違憲判決は同法に基づく地方自治体の薬局等の配置の基準を定める条例が憲法二二条の職業選択(営業)の自由に違反し、無効とされた。一九七六年の衆議院議員定数不均衡違憲判決は、選挙区への議員定数の配分は国会の立法政策の問題とする判例を変更し、定数不均衡は選挙権の平等の要求に反し、違憲と断じた。八〇年代前半の寺田治郎コートで、一九八五年二度目の議員定数不均衡違憲判決が下された。後半の矢口洪一コートは一九八七年森林法違憲判決で共有から単独所有への移行、不動産取引の活発化という時代の要請から財産権規制立法の違憲審査を行った。

九〇年代は政治改革が連立政権をもたらし、自民党長期政権に終止符を打ち、政党の組み合わせの流動化を招いた。最高裁人事にもなんらかの影響をもたらしたのか。一九九七年愛媛玉串料訴訟違憲判決は地方自治体の首長による靖国神社への公金の支出は憲法二〇条、八九条の政教分離に違反するとし、最高裁が精神的自由権の領域で初めて下した違憲の判断であった。神社へ公費支出していた他の自治体はそれ以前に中止していただけに、突出した事例であったともいえる。

(5)　今後の展望

裁判所への国民の期待に水を差す要因の一つに裁判の長期化がある。上に見た違憲判決では、議員定数訴訟は選挙前の判決が求められ、この二件を除くと、提訴から平均一二年かかっている。最高裁の審理に限ってもこれらの事件は上告から平均五年かかっている。最高裁判事の過重負担がそのひとつの原因とも考えられる。上告事件は年間、民事事件が約二〇〇〇件、刑事事件一六〇〇件、これを三つの小法廷に分けると、各小法廷あたり約一二〇〇件ということになり、毎月一〇〇件の事件を新しく受理しているのである。

なお一九九六年に民事訴訟法の改正により、民事事件の最高裁への上告は制限されるようになった。従来も上告理由は憲法解釈の誤りその他憲法違背のあること、または法令違背に制限していたが、とかく原審の事実認定に対する不服を述べるに過ぎない上告が多かった。それで新民事訴訟法は憲法解釈の誤りその他の憲法違背および絶対的上告理由に制限(権利上告)し、判例と異なる原判決の判断その他の法令解釈に関する重要な事項を含むと認められる事件は、最高裁が中立により、受理を決定(受理上告)できるようにしたのであった。一九九七年度の民事事件の上告は二四七〇件であったが、翌一九九八年度の上告は二二〇四件、上告受理は六六一件、二〇〇〇年度はそれぞれ二〇一二件、一七四九件で、上告数は減少傾向にあるものの上告受理は大きく増加している。

2　合衆国最高裁

(1)　最高裁の憲法解釈

ハミルトンは「ザ・フェデラリスト」七八編で、発足前の最高裁については、それが「意思」を行うのではなく、「ただ判断」するに過ぎないと予測した(5)。このことは判事たちがその判決にあたって政治的偏向や政治的影響力から自由に、中立な立場で論理と法を駆使して憲法解釈を引き受けるに過ぎないことを意味する。一九二三年アドキンス事件でサザランド判事はこの見方を例証した。この事件は男性労働者以上に搾取されやすい女性労働者の最低賃金法の合憲性にかかわるものであった。サザランド判事はしかしながらその社会・経済的文脈には全く左右されずにこう述べた。「原則的に労働力を売るケースとリンゴを売るケースに何ら違いはあり得ない。」彼は同法が金額を定める制定法に過ぎず、労働力にかかわるものであってリンゴにかかわるものではないという事実はその合憲性とは関連がないと結論づけた。裁判官は法や政策を作成することのない法の機械であって、憲法や判例の文脈の中から法を「発見し」、それを具体的な事件に適用するという考えであった。

これに対し、社会学的法学は社会的文脈を欠く抽象的論理としての法概念を排除し、裁判官は関連する社会的現実に従って法原則を理解し適用すべきであると論じた。一九〇八年ムラー判決で社会学的法学はきわだった成功を収めた。この事件は女性工場労働者の長時間労働禁止法にかかわるものであった。労働者側弁護人ブランダイスは女性の健康がとくに長時間労働に害されやすいことを示す多くの証拠を収集した。いわゆるブランダイス・ブリーフ(書面)は、長時間労働禁止法は契約の自由を侵し違憲であるという最高裁のいつもの原則の例外をつくり出し、同法が合憲であることに最高裁が全員一致で賛成するよう作用した。

さらにリーガル・リアリストは、裁判官が最高裁判事も含めて、法を発見するよりは実際に法を作ると主張した。ヒューズは最高裁判事になる前、「われわれは憲法の下にあるが、憲法は裁判官がこれが憲法であると述べるものである」という名高い警句を吐いた。それが現実であるとも言える。

(2) 最高裁の司法審査

ハミルトンは「ザ・フェデラリスト」の同じ七八編で、憲法のかたちで表明された人々の意思が、議会におけるその代理人の意思に優先するのは当然であると述べた。その一方で、三三編では「議会が権限を喩越したと判断するのはまず議会であり、最終的には国民である」とも指摘していた。しかし結局七八編は、具体的事件にさいし、これに適用する法律の憲法適合性を判断することは、法解釈を専門とする裁判官に委ねられるという。行政府のみならず立法府の権限に対しても、憲法に基づいて司法府がこれを抑制するのは、司法府が力や意思において無なる存在だからであると述べている。司法審査制の正当性は「アメリカ革命期の憲法理論の歴史的成果」であった。かくして最高裁は制定法の解釈でときに立法府や行政府の政策と対立し、とりわけ司法審査権の行使により、きわめて直接的かつ明確に政策形成過程に介入するのである。

司法の自制を主張する者は、立法の是非の価値判断は政治過程に委ね、制約のない価値関係的憲法解釈は避けようとする。そして司法過程における法技術にとくに目を向ける。事件性、当事者適格、事件の成熟性などの充足は、立法から判決までの間に時間的な遅れを作り出し、立法府多数派と最高裁との衝突を緩和し得るものとなる。

しかしながら最高裁の判断は決して抽象的に法論理にのみ基づくものではなく、またそれが終局的でもない。社会情勢とリンクした妥当な合理性ある判断によって、正義を達成することを目ざすものである。しかも制度として政治から距離を置いていることこそが、そうした意図を可能にするのである。今日、危機的政府が常態となるような時代へ急速に動いている。最高裁はこうした時代に対して基準を設定しうるとしても、それを現実に機能させるためには、統治のあらゆるレヴェルで他の政治部門の好意に頼らざるを得ない。しかしそれにしても、最高裁の判事は終身的身分と省察の時間を与えられ、国民世論に敏感に、国民が待望する方向において基準を立てるうえで政治家よりも有利な立場にあり、国民の導き手となりうる。

政治学者ダール(Robert A. Dahl)は一九五七年発表の有名な論文で(6)、違憲判決の決定性、すなわち政治部門に対する最高裁の政策決定の有効性に注目し、「最高裁で支配的な政策認識は、合衆国の立法を行う多数派の間で支配的な政策認識と長くずれるということは決してない。結局、最高裁は立法多数派によって求められる主要な選択肢に数年以上にわたって反すると仮定することは非常に非現実的であろう」と主張した。ダールの分析では、大統領の判事指名権が、最高裁が違憲とする連邦法の数を制限してきたという。すなわち、判事は一般に議会メンバーや大統領と同じ政策認識を持ち、そうした政治部門の政策を覆すことはめったにないという。

ダールの中心的論議は、最高裁は社会で最も有力なグループ、あるいはより正確には特定の瞬間の全

表8　最高裁の連邦法・州法・条例違憲判決

年	連邦法	州法・条例	年	連邦法	州法・条例
1790–1799	0	0	1900–1909	9	40
1800–1809	1	1	1910–1919	6	118
1810–1819	0	7	1920–1929	15	139
1820–1829	0	8	1930–1939	13	93
1830–1839	0	3	1940–1949	2	57
1840–1849	0	9	1950–1959	5	61
1850–1859	1	7	1960–1969	16	149
1860–1869	4	23	1970–1979	20	193
1870–1879	7	36	1980–1989	16	162
1880–1889	4	46	1990–1993	3	24
1890–1899	5	36	計	127	1212

(Baum, *The Supreme Court* 201, 204〔5 th ed., 1995〕)

米の立法多数派に支持を与える傾向を避け難いということであった。ダールは歴史と論理に自己の主張を依拠させた。第一に、最高裁は連邦法をめったに違憲とすることはないと言う。ダールが分析した時点よりは増えたが、一九九三年まで連邦法の全体もしくは部分を違憲と判断したのは一二七回にすぎない。他方、州法および条例はしばしば無効とする。おそらく九倍強の割合である（**表8**）。これは最高裁が連邦の立法多数派よりは地方の立法者の政策をはるかに積極的に覆すことを極めて明白に示唆する。第二に、ダールは最高裁判事が連邦の立法多数派に任命され、平均二年毎であることを指摘する。これは連邦の立法多数派が相当な期間その地位を維持できるとき、これに同調する判事の多数派を最高裁に築くことができそうなことを意味する。第三に、選挙された政治家は、判事がその政治的目標に共鳴していないときでも、最高裁に多くの圧力をかけることができる。その時、最高裁は完全に降伏するのではないにしても、いずれ後退せざるを得ない。ダールはこうした論議から、多数派は通常、結局は最高裁を思い通りにし、最高裁は立法者の支配的な連邦政治連合に加わると結論する。

かくしてダールはこう述べる。「最高裁の主要な仕事は連合が成功するその基本政策に正当性を付与することである。」この観点からみれば、最高裁は連邦の立法多数派の政策が憲法に合致し、それゆえこれに敬意を払い、遵守する価値があることを再確認する役割を演ずる。そこで最高裁の最も重要な役割は政治的継続性と変更を正当化することであると言う。合憲判決による正当化機能が優って、違憲判決により政治部門の政策転換をもたらすような有力な役割を演ずるものではないと結論づけたのであった。

しかしながらたとえば一九五七年のリトル・ロック暴動では、アイゼンハワー大統領はその三年前のブラウン判決に批判的であったものの、非分離教育実現のために軍隊を派遣して黒人生徒の白人学校通学を守る措置を執らざるを得なかった。とくにダールの分析後のアメリカでは、国の立法を左右する多数派が立法府と行政府で一致しない分裂政府がしばしば生ずるようになった。市民的自由を含めて多くの問題で国民の間にコンセンサスが構築されにくく、まさにそうした争点が最高裁の対象の中心になってきているのである。

同じ最高裁の機能である違憲判決もその方向性（誰が利益を得、誰が不利益を被ったか）の点で理解されることが必要であった。司法行動論者のシューバート（Glendon Schubert）は最高裁の司法的政策形成における積極主義と自己抑制を、政治部門の政策決定との関係で四つに分かって図式化する(7)。①政治部門、最高裁いずれも政策の変更がない場合、最高裁の立場を自己抑制と規定する。ニューディール以前がそれにあたる。②政治部門が政策変更の決定を行ったが、最高裁が従来の政策を維持する場合、最高裁は積極主義とみなされる。ニューディール立法に対する最高裁の違憲判決がそれである。③政治部門がいつまでも政策変更を行わず、最高裁が司法的政策形成を行うとき、まさに司法積極主義である。ウォレン・コート以後がこれに該当する。④政治部門の政策変更を最高裁が追認し、正当化機能を果たすとき、司法自己抑制といえる。ニューディール立法を合憲とする最高裁の態度変更がその例である。

(3)　最高裁の課題設定

最高裁の司法判断の方向性が何に向けられたのか、最高裁の課題設定も時代によって異なる。一八九〇年代から一九三〇年代末まで、最高裁は主として経済問題、それも特に民間企業に影響を及ぼす政府の政策を扱った。最も重要なのは、政府による企業活動の規制の増大に対し、これに異議申し立てる事件の判断であった。とりわけ最高裁が国民経済の成長を押さえつける恐れのある州法を無効にすることで、「一九三七年までは資本主義の牙城としての使命を果たしてきた。」諸産業は経済拡大の苦難の時代

表9　最高裁の事件の争点

争　点	1933－37	1953－57	1983－87
実体的権利	9	38	80
(中絶、言論の自由)	(1.2%)	(7.7%)	(10.7%)
平　等	11	25	124
(人種、性差別)	(1.4%)	(5.1%)	(16.6%)
デュープロセス	41	84	222
(刑事上の権利)	(5.2%)	(17.1%)	(29.6%)
連邦経済規制	220	162	133
	(27.8%)	(33.0%)	(17.8%)
州経済規制	79	10	8
	(10.1%)	(2.0%)	(1.1%)
租　税	139	41	24
	(17.8%)	(8.4%)	(3.2%)

(McKeever, *The United States Supreme Court* 3〔1997〕)

に最高裁に制度上の味方を見出したのであった。この間、市民的自由には最高裁の関心は薄く、イデオロギー的には概して保守的であった(**表9**)。

ヒューズ・コートの一九三二年から一九三六年の五年間、最高裁は一四回の違憲判決を下し、ニューディール立法に対して一九世紀的レッセフェールの経済的自由をふりかざして、政府の規制から企業活動の自由を守るために実体的デュープロセスを適用した。しかしこうした最高裁の積極主義は強い批判を招き、一九三七年から四六年にかけて、最高裁は経済的自由の領域で、実体的デュープロセスを封印することになった。ストーン判事は一九三八年のキャロライン・プロダクツ判決(United States v. Caroline Products Co.)の脚注で、最高裁が政府の経済政策に寛容な見解をとることを正当化し、他方、市民的自由を侵す政策には「より厳格な司法精査」を加えることを主張した。このダブル・スタンダードはその後の最高裁を規定することになる。

①ウォレン・コート

ウォレン・コートの一九五四年から一九六九年の一六年間の二五回の連邦法違憲判決は、基本権、とくにマイノリティの権利を保障する積極主義を表した。五〇年代前半に吹き荒れたマッカーシズムに引導を渡したのも一九五七年六月一七日のウォレン・コートのいわゆる「赤い月曜日」の一連の判決であった。

またブラウン判決によって始まったウォレン・コートでは、人種平等のための非分離教育の推進が引き続き六〇年代の重要なテーマとなり、公民権運動を促して一九六四年公民権法制定に結実した。人種非分離判決が示した平等主義は投票権にも及んだ。一票の価値の不均衡については立法府の対処すべき政治問題としていた最高裁が、ウォレン自身、その意義を高く評価する一九六二年のベーカー対カー事件(Baker v. Carr)で、初めて司法判断適合性を認め、一九倍の格差を放置していたテネシー州議会の議席配分を違憲と宣言した。ウォレン・コートはその後の相次ぐ裁判で、州の上下両院も連邦下院も「一人一票」の原則が貫かれることを要請した。選挙区の平等な人口の原則が議席配分の出発点であることを、きわめて厳格に追求することになる。

平等主義は刑事司法において大きな成果を生んだ。それは刑事被告人にもその人権を保障し、貧困者も等しく扱われ、連邦で認められる権利は州にも適用されるとすることであった。

六〇年代は明らかにアメリカ憲法史上、最高裁の政策決定のもっともリベラルな時代であった。市民的権利および自由の全国一元化、すなわち連邦基準の州への適用であった。その一方で経済的自由の領域では、ウォレン・コートはとくに政府機関による企業活動の反トラスト規制を無条件に受け入れる傾向がきわめて強かった。主たる反トラスト執行者である司法省が提訴した四九ケースで三件を除き、同省が勝訴している。「競争の平等」がウォレン・コートの指導原理で、経済関連事件では政府の規制を支持し、行政機関の判断を尊重した。経済的関心に社会的価値を導入し、行政機関の対応が反企業、労働者支持の場合はいっそう行政機関を支持する傾向が強かった。

②バーガー・コート

一九六八年、「法と秩序」を訴えて大統領選挙に勝利したニクソンは、引退を表明していたウォレンの後任にワシントン地区連邦控訴裁裁判官で保守派のバーガーを首席判事に任命した。ニクソンは最初の任期中に四人を任命する機会に恵まれ、ニクソン・コートとも呼ばれた。それは多分に、ウォレン・コートの後、ニクソンの保守的見解を反映する最高裁になるであろうという予測が込められた呼称であった。

バーガー・コートは一九七〇年から一九八六年の一七年間で連邦法の違憲判決は三四回を数えた。市民的自由を侵害するとして違憲と判断した連邦法と州法の合計は六〇年代のそれをかなり上回った。もっとも市民的自由支持の判決の比率は減少を示した。たしかに市民的自由はバーガー・コートにとっても依然、主要な焦点であったが、その判決傾向はかなり入り混じったものであった（表10）。

バーガー・コートで最も論争の的となった判決は、一九七三年の妊娠中絶を認めたロー対ウェイド事件である。ブラックマンが多数意見を記し、子を産むか産まないかを決定するのは女性のプライバシーの権利であることを明らかにした。

この時期、経済的自由の領域では、司法的政策形成に転換の兆しが見られるようになった。その背景にはウォレン・コートの反トラスト法の行き過ぎた運用が、企業の競争活動を差し控えさせる原因になっているというシカゴ学派による批判があった。バーガー・コートは主として行政機関の決定に対する司法審査において、企業利益に少なからず関心を示し続け、反トラスト法事件では主要な経済政策形成機関として機能するようになった。「効率」や「市場のインパクト」が最高裁の意見に散見されるようになり、公正を求めるよりも効率に従った。とくに八〇年代以降、レーガン共和党政権は経済活動への介入を差し控え、自由競争による経済活性化を意図し、公共選択の理論がこれを支持するようになった。経済的自由、市民的自由ともに規制を排除するいわばリバータリアニズム(自由尊重主義)がバーガー・コートの哲学となった。

③レーンクィスト・コート

レーガン大統領は就任した年、スチュアートの引退を受けて初の

表10　市民的自由関連事件最高裁判決

開廷期	市民的自由支持の判決比率(%)	
1958–61	57.8	ウォレン・コート
1962–68	74.1	〃
1969–75	48.8	バーガー・コート
1975–80	39.1	〃
1981–85	37.2	〃
1986–89	41.7	レーンクィスト・コート
1990–92	40.1	〃

(Baum, *The Supreme Court* 170〔5 th ed., 1995〕)

女性最高裁判事オコナーを任命したものの、次のチャンスは一九八六年まで待たされた。この年、バーガーは翌年に迫った憲法制定二〇〇年記念全国委員会の委員長に就任するため引退し、レーガンはレーンクィストを首席判事に登用し、その空席にはイタリア系のスカーリアを任命した。ここからレーンクィスト・コートが始まる。

レーンクィスト・コートは一九九八年まで一二年間に一七回の違憲判決を下している。共和党の両保守派大統領の努力は部分的に成功したに過ぎない。市民的自由の記録では、ウォレン時代やバーガー・コートのその拡張的判決を画一的に拒否するものでは決してない。オコナー、ケネディ、スーター(David H. Souter)の態度が予測しがたいことに加え、九〇年代に入ってクリントン大統領が最初の任命に、女性でユダヤ系のギンスバーグ、二人目にブレヤー(Stephen G. Breyer)という穏健派プラグマティストを選んだことによる(**表11**)。

ますます熱い国民的争点となった中絶問題では、注目されたレーンクィストの下の一九八九年のウエブスター対生殖保険機関事件(Webster v. Reproductive Health Services)は五対四で中絶に大きな制限を課する判決となった。ただ多数意見を記したレーンクィストはプライバシーの権利に言及せず、ロー判決の原則そのものは覆されなかった。さらに一九九二年の家族計画対ケーシー事件(Planned Parenthood v. Casey)では、配偶者への告知を除き、インフォームド・コンセント、二四時間の待機期間、親の同意を要求する規定はデュープロセスに違反しないと判示した。そしてロー判決を覆すことにレーンクィスト、

表11　1999年開廷期

	R	St	O'C	Sc	Ke	So	Th	Gi	Br
Rehnquist	—	39.5	82.5	81.5	81.5	59.3	87.7	51.9	56.3
Stevens	39.5	—	46.3	44.4	46.9	67.9	37.0	74.1	70.0
O'Connor	82.5	46.3	—	77.5	80.0	68.8	75.0	62.5	68.4
Scalia	81.5	44.4	77.5	—	72.8	60.5	84.0	53.1	50.0
Kennedy	81.5	46.9	80.0	72.8	—	63.0	55.6	84.0	78.8
Souter	59.3	67.9	68.8	60.5	63.0	—	55.6	84.0	78.8
Thomas	87.7	37.0	75.0	84.0	72.8	55.6	—	45.7	50.0
Ginsburg	51.9	74.1	62.5	53.1	61.7	84.0	45.7	—	76.3
Breyer	56.3	70.0	68.4	50.0	60.0	78.8	50.0	76.6	—

Left		**Center**		**Right**
Stevens				Thomas
Ginsburg				Rehnquist
	Breyer		Scalia	
	Souter		O'Connor	
		Kennedy		

(McKeever, *The United States Supreme Court* 29〔1997〕)

ホワイト、スカーリア、トーマスの四人までが賛成した。

人種が平等な選挙に関連する問題に関しては(Show v. Reno〔一九九三〕)、人種差別の結果となることを禁止する投票権法に従った人種に配慮した建設的ゲリマンダーの選挙区割りを、人種による分類として厳格な審査の対象とした。

刑事司法でもウォレン・コートのルール見直しが進んでいる。バーガー・コートで証拠排除法則、ミランダ・ルールへの例外が認められたが、さらに自動車内の捜索・押収が被疑者の同意(Florida v. Jimeno〔一九九一〕)や相当な理由(California v. Acevedo〔一九九一〕)のある場合に証拠排除法則を緩和している。

そうした一方で修正一条に関しては、国旗焼却事件でこれに刑事罰を課する州法に対し、象徴的言論（シンボリック・スピーチ）の自由を優先させ（Texas v. Johnson〔一九八九〕）、ブッシュ大統領をはじめとする保守派の憲法改正論議をかきたてた。

政教分離では同じ年のアレゲーニー・カウンティ対ＡＣＬＵ（アメリカ自由人権協会）事件（Allegeheny County v. ACLU）が、公立の建物内のクリスマス時期のキリスト生誕像を宗教の許されない公定と認定した。公立学校の行事における祈祷は卒業式（Lee v. Weisman〔一九九二〕）や競技会（Santa Fe School District v. Doe〔二〇〇〇〕）でも国教禁止条項違反の判断が維持されている。

経済的自由の領域では、多数派は実体的デュープロセスの使用の復活を通して、ダブル・スタンダードの放棄もしくは実質的変更へきわめて慎重ながらも向かいつつある。

(4)　嵐の中心

連邦最高裁は司法府の頂点にあって、立法、行政の政治部門と並ぶ三権の一翼を担う政治機関である。司法審査権という重要な権限を通して政治部門に対する抑制機能を有し、立憲主義に基づき人権保障の砦としての役割を果たす。最高裁が判決を通して投ずる一石は社会に大きな波紋をもたらす。かくして最高裁の周りではときに政治の嵐がまき起こり、世論を動かすことも少なくないことは、最高裁の歴史を通してみてきた。

しかし最高裁の内では九人の判事が主張、説得、妥協を活発に展開させながらも、法廷では「オーイェ、オーイエ、オーイエ」という昔ながらの静粛を求める声からはじまって、黒い法服をまとった現代の神官が登壇し、厳かに精緻な法論理を駆使して判決を下す。法廷の外の政治的喧噪もこの大理石の神殿の奥までは届かず、静寂の中で裁判は進行する。しかし一度、下された判決は嵐を巻き起こす。最高裁はかつてホームズ(Oliver Wendel Holms)判事がいみじくも表現した「嵐の中心」である。

訴訟社会のアメリカでは様々な問題が法的解決を求められる。司法は良くも悪くも国民の注視の的であり、その判断は大きな注目を浴びる。司法の頂点にある連邦最高裁の判事たちはそこで大きなプレッシャーと闘いながら、まさに司法的ステーツマンシップを発揮するよう求められている。そうしたアメリカのきらめく裁判官群像に彩られた最高裁のあり方に、日本の閉塞した司法府は比べるべくもない。ただ日本の現状に多くの問題が存在していることは今や国民の共通の認識となっている。社会がもはやそうした司法府のあり方を許さなくなってきている。日本の司法が変わるのは疑いない。アメリカ合衆国最高裁判所と比較してみて、切にそう期待するものである。

エピローグ

——二〇〇〇年大統領選挙と最高裁

二〇〇〇年の大統領選挙は一一月七日の投票日から五週間経ってようやくジョージ・W・ブッシュの当選が決まるという異例の展開であった。しかもその当選を決めたのは、最高裁が一二月一二日の午後一〇時過ぎに発表した判決を受け、翌日午後九時に行われた対立候補ゴアの判決受け入れの声明であった。最高裁の判断が大統領選挙の決着を左右したのは建国以来初めてのことであった。

まれにみる大接戦の選挙であったが、最後にフロリダ州の開票が鍵を握ることになった。同州の選挙人二五人をとればブッシュは当選に必要な選挙人の過半数を一人上回ることになる。同州での一般投票はブッシュが上回ったもののその差は〇・五パーセント以下の僅差で、州の規定により自動的に数え直しが求められ、通信社の独自の集計ではブッシュの優位は減少した。ゴア陣営は民主党の優勢な四郡で、機械による集計ではじかれた穴あけミスの疑問票の手作業による数え直しを要求した。

一一月一一日、ブッシュは手作業再集計の差し止めを連邦裁判所に訴えた。しかし一三日、連邦地裁は差し止めを拒否した。他方、ゴアもパームビーチ郡投票審査委員会などとともに、手作業のための票の確定日の延長を州巡回区裁判所に訴えた。翌日、州裁判所は制定法上の七日の締め切りは命令的であるが、郡委員会は同日以後にその結果を変更しうると判示した。さらに同裁判所は州務長官が変更された結果を含めるかどうか、裁量権を行使できるとも判断した。直ちにフロリダ州務長官は一五日までに結果変更を望む郡はそれを正当化する書面の提出を命じた。四郡がこれに応じたものの、州務長官はいずれも集計締め切りの延長を正当化するものではないと決定した。そして再集計済みの票を確定し、三〇〇票差でブッシュが上回っていると発表した。さらに同長官は手作業集計の中止を州最高裁判所に請求したが、州最高裁はその請求を棄却した。一六日に同裁判所は数え直しについて手作業再集計を許可し、ただしその票を州務長官は含めなければならないかどうかは州裁判所の判断に委ねた。

一六日、ゴアは州巡回区裁判所に手集計を認めるよう提訴し、州務長官の行動は恣意的であると主張した。同裁は一七日、訴えを退け、選挙結果確定を州務長官に許可した。ゴアは第一地区控訴裁判所に上訴し、同裁は判断を州最高裁に仰いだ。しかし州最高裁は同日、ゴアの上訴の審理が終わるまで、選挙結果の確定を留保するという判断を示した。一八日、州務長官は不在者投票も加えて最終的発表を行う予定であることを明らかにした。州最高裁は二一日、判決を下し、完全な手作業集計を始めるに十分な「投票集計の誤り」を認める一方、州務長官はその結果を無視しうるとも判示した。そして締め切り日以前に提出された手作業集計票を州務長官は受け入れるよう命じた。そのうえで州最高裁は集計の締め切りを一一月二六日に設定した。これに対しブッシュが二二日、連邦最高裁へ上訴した事件が一二月四日のブッシュ対パームビーチ郡投票審査委員会事件(Bush v. Palm Beach Country Canvassing Board)である。連邦最高裁は州最高裁に集計期限延長の明確化を命じて、差し戻した。なお一二月一一日、州最高裁は州法に基づく長年の規則に基づいてそれが決定されたと回答した。

このケースの他に、二六日、州務長官が五三七票差でブッシュ勝利の宣言を行ったのに対し、ゴアが州巡回区裁判所に提訴した事件が続く。二八日、同裁はゴアが立証責任を満たさなかったとして請求を退け、一二月二、三日と審理を行った後、ゴアの異議申し立てを退けた。ゴアは第一地区控訴裁判所へ訴え、同裁は州最高裁へ判断を仰いだ。州最高裁は四対三で手作業集計の即時開始を命ずる決定を下した。少数意見は、票集計をめぐる司法手続きが長引けば、前代未聞の憲法危機をもたらすという「深い懸念」を表わした。

ブッシュは直ちに連邦最高裁に上訴した。ブッシュ対ゴア事件(Bush v. Gore)で九日、連邦最高裁は五対四で、結論が出るまでの間、再集計の凍結を命じた。一一日に口頭弁論が開かれ、そして一二日の判断となった。連邦最高裁はパーキュリアム(起草者名なしの裁判所全体の意見)の判決を表し、これには五つの意見が付された。中心的争点は、「州最高裁が大統領選挙をめぐる争いを解決する新たな基準を設け、それによって憲法第二条(州議会の定める手続による選挙人の選任)を侵害し、連邦法典第三編第五条(選挙前に有効な州法に基づいて行われた州の決定の最終性の保証)に違反したか、また基準なき手作業集計の使用は平等保護条項とデュープロセス条項を侵したか」ということである。

「裁判所が州全体に対する救済を命ずるとき、平等な取り扱いと基本的公正さという要件が満たされる少なくともある種の保証が存在しなければならない。」この点で七人の判事は、「救済を求められた州最高裁が命ずる再集計について、憲法上の問題の存在することに同意する。」そして州最高裁の判断を破棄し、手集計基準の再検討のため、州最高裁に差し戻した。レーンクィスト首席判事は同意意見で、州最高裁が一二月八日に命じた救済は「適切な」ものとは見なされ得ないと言う。再集計は一二月一二日までに終えることはできず、終わりなきさらなる手続きを正当化しようとするものであると批判した。また、救済措置として再集計を命じるか否かについては五対四でこれを否決した。

ブレヤー判事はスティブンス、ギンスバーグ、スーターの加わった反対意見で、本法廷は本件を審理することは誤りであったという。しかし今や集計停止を破棄し、州最高裁が算定を再開するか決定するのを許すべきであると主張した。また、スティブンスは今回の大統領選挙の真の勝者が誰か分からないが、敗者は明らかであるとして、法の公正な番人である裁判所が国民の信を失ったと指摘した。

その一方で判決は、得票結果に異議申し立てを行う手続きは一二日までに終えなければならないとも述べていた。ゴアに残された時間は二時間しかなかった。差し戻しを受けて州最高裁は一二月一三日、全郡を通して平等な投票権を保障する統一した手作業再集計の基準づくりは州議会が決定すべきであるとの意見書を提出して裁判は終結した。

フロリダ州の問題の票を再集計するとしないとにかかわらず、ゴア候補が一般投票でブッシュ候補を上回っていた。しかし人々は民主主義的多数の意思に依ろうとはしなかった。選挙人の過半数を決することになるフロリダ州の投票結果の確定について、州務長官でも、州知事でもなく、また州議会でもなく、法服をまとった現代の神官の声を聞こうと、投票から三五日間、ひたすら辛抱強く待った。きわめて人間くさい彼ら最高裁判事九人の憲法判断に、人々はその解決を託したのであった。

注

第1章

(1) 以下、*The New York Times* の一九七八年六月二九日の記事を参照。

(2) Robert J. McKeever, *Raw Judicial Power?* 133 (1995).

(3) Lee Epstein & Thomas G. Walker, *Constitutional Law for a Changing America* 729 (3rd ed., 1998).

(4) Jerry Goldman ed., *The Supreme Courts Greatest Hits* CD-ROM(2000).

(5) Howard Ball, *The Bakke Case* at 100-101 (2000).

(6) 以下、John C. Jeffries, Jr., *Justice Lewis F. Powell, Jr.* at 482-490 (1994) を参照。

(7) *Ibid.*, at 491.

(8) *Ibid.*, at 494.

(9) Epstein & Walker, supra note 3, at 730-735.

(10) Gerald Gunther & Kathleen M. Sullivan, *Constitutional Law* 807 (3rd ed., 1997).

(11) *The New York Times*, supra note 1, at A24.

(12) Henry R. Glick, *Courts, Politics & Justice* at 429-430 (3rd ed., 1993).

第2章

（1） 以下、David M. O'Brien, *Storm Center* at 136–142 (2 nd ed., 1990) を参照。

（2） Robert G. McCloskey, *The American Supreme Court* 40 (1960).

（3） Epstein & Walker, *Constitutional Law for a Changing America* 47.

（4） Lisa Paddock, *Facts About the Supreme Court of the United States* 82 (1996).

（5） Kermit L. Hall ed., *The Oxford Companion to the Supreme Court of the United States* 760 (1992).

（6） O'Brien, supra note 1, at 148–149.

（7） McCloskey, supra note 2, at 168–169.

（8） Paddock, supra note 4, at 245.

（9） McCloskey, supra note 2, at 177–8.

（10） Bernard Schwartz, *Super Chief* at 25–6 (1983).

（11） Epstein & Walker, supra note 3, at 653.

第3章

（1） Lawrence Baum, *The Supreme Court* 6 (5th ed., 1995).

（2） O'Brien, *Stome Center* at 200–202.

(3) 以下、Encyclopedia of the American Constitution を参照。

(4) O'Brien, super note 2, at 206–209.

(5) C. Herman Prichett, *The American Constitution* 138 (3 rd ed., 1997).

(6) Robert J. McKeever, *The United States Supreme Court* 82 (1997).

(7) Paddock, *Facts about the Supreme Court of the United States* 237.

(8) Glick, *Courts, Politics & Justice* 280.

(9) McKeever, supra note 6, at 77.

(10) O'Brien, supra note 2, at 267.

(11) *Ibid.*, at 274.

(12) Glick, supra note 8, at 344.

(13) Kent C. Olson, *Legal Information* 282 (1999).

第4章

(1) Robert Scigliano, *The Supreme Court and the Presidency* 86 (1971).

(2) Baum, *The Supreme Court* 31–34.

(3) *Ibid.*, at 41.

(4) Henry J. Abraham, *The Judicial Process* 64 (6 th ed., 1993).

(5) O'Brien, *Storm Center*, at 64.

(6) *Ibid.*, at 80.

(7) Baum, supre note 2, at 68.

(8) Glick, *Courts, Politics & Justice* 151.

第5章

(1) 佐藤竺「司法官僚と法制官僚」『現代法六 現代の法律家』(一九六六年) 所収。

(2) 児島惟謙著『大津事件日誌』(東洋文庫 一九七一年)。楠精一郎著『児島惟謙』(一九九七年)。

(3) 以下、内藤頼博著『終戦後の司法制度改革の経過』第二分冊、一ページ以下を参照。

(4) 内藤、同上、第五分冊、三五ページ。

(5) 以下、McKeever, *The United States Supreme Court* 89 を参照。

(6) Robert A. Dahl, Decision-Making in a Democracy: The Supreme Court as a National Policy-Making, 6 J of Public Law 279 (1957).

(7) Glendon Schubert, *Judicial Policy Making* 210 (rev. ed., 1974).

附録　最高裁判事プロフィール（注）

◆ジョン・ジェイ(John Jay)

初代最高裁首席判事ジェイはフランスのユグノーの家系の豊かな商人の父とオランダ系の高名な一族の母の間に生まれた。キングス・カレッジ(後のコロンビア大学)に学び、印紙条令危機が去ると、ほどなくニューヨークで最も成功した弁護士の一人となった。イギリスとの妥協に賛成する保守派であったジェイも、次第に革命の本旨を支持するようになり、一七七四年第一回大陸会議でニューヨークを代表して出席した。独立宣言の際は、ニューヨークの憲法起草に手を貸していて署名者に連なることはなかった。同憲法が一七七七年に承認されると、ジェイは新しく置かれたニューヨーク最高裁の首席判事に任命された。翌年、第二回大陸会議で議長に選ばれ、次いでスペインへの全権使節に推された。すぐ後にはベンジャミン・フランクリンにパリに呼ばれ、独立戦争を終結させる和平条約交渉の手助けをした。帰国すると連合の外務大臣に選ばれていた。連邦憲法が制定をみると、ニューヨーク市民に憲法の承認を説く「ザ・フェデラリスト」で五編の執筆を手掛けた。ジョン・アダムスも「ジェイが憲法を簡潔なものにする予備的措置およびその承認を得るのに誰よりも大きな影響力を有した」と強調した。

ワシントンは設置された最高裁の首席判事にジェイを任命した。最高裁の最初の重要事件は一七九三年のChisholm v. Georgiaで一州の市民が他の州を連邦裁判所に提訴する権利を認めた。その結果、多くの州が経済的崩壊と主権の喪失が生ずることを恐れた。こうした懸念に応え、議会は修正一一条を成立させた。この修正は最高裁の威信に重大な損失を与えた。

最高裁判事は三つに分けられた巡回区で法廷を開くことも必要とされ、ジェイはその間のまずい食事、快適とは言い難い施設、長い道程、さらには孤独にひどく不平を抱いていたが巡回区の事件を憲法、連邦法、連邦司法の優越を確立する機会として利用した。一七九二年にはニューヨークの知事選の候補者に指名されて反対せず、選挙運動はせずに惜敗した。二年後、ワシントンはイギリスへ両国間の関係改善を図る外交使節として、首席判事のまま派遣した。その結果、イギリスの十分な譲歩を引き出せなかったことから不評な海洋、通商、航海条約が結ばれ、ジェイ条約と呼ばれた。帰国すると再びニューヨーク知事候補に指名され、今度は当選し、直ちに最高裁を退いた。知事を二期つとめて引退すると、ジョン・アダムスはエルズワース首席判事の後任に勝手にジェイを指名し、上院も承認したものの、ジェイはこれを断った。やはり巡回の任務を嫌い、最高裁が十分な権威を得ていないことへの失望がその理由であった。

（三二ページ参照）

◆ジョン・マーシャル(John Marshall)

ヴァジニアの地方名望家の父と名門ランドルフ家につながりのある牧師の娘である母の間に一七五五年に生まれた。若い頃、後に大統領となるモンローと共に学び、二〇歳のとき、レキシントン、コンコードについでヴァジニアでも独立戦争が始まると、ミニットマンの中尉として戦場に赴いた。戦場から戻ると、ウィリアム・アンド・メアリー大学で法律を学び、法曹となって州都リッチモンドに移り住んだ。連邦憲法の制定に伴って、革命前のイギリス商人の債権回収にかかわる法ビジネスが発展し、マーシャルはヴァジニア・プランターの利益を守る指導的弁護士の一人となった。

マーシャルは憲法承認のヴァジニア憲法会議の代議員に選ばれ、彼の司法に関する演説は、連邦司法制度に対する地方の恐れをなだめるのに大きく役立った。ジョン・アダムスは彼を革命下のフランスは外交使節の一員として派遣した。フランスに対する毅然とした態度を示したとして、マーシャルの名前は全国に知れ渡り、前大統領のワシントンに連邦下院のリッチモンドの議席のフェデラリストの候補者になるよう求められ、当選した。六カ月後の一八〇〇年に国務長官に任命され、九カ月間、アメリカ外交関係を司った。

アダムスは最高裁首席判事エルズワースの後任に、ジョン・ジェイを指名し、断られると、先任順に基づいてパターソン(William Paterson)陪席判事の首席判事への登用を求める強い圧力をはねつけて、より若いマーシャルを指名し、上院は一八〇一年一月二七日に承認した。同三月にジェファソンが大統領に就任すると、民主共和党の最初の課題は一八〇一年裁判所法の廃止であった。同法は一連の連邦巡回裁判所の創設を規定し、フェデラリストを大量に任命しようとした。マーシャルの最高裁はStuart v. Laird (1803)で

同法の廃止は合憲で、最高裁判事は今一度、巡回裁判所を統括することが必要という判決を下した。

マーシャルはマーベリィ対マディソン事件をはじめとして、一二一五件中五一九件で法廷意見を記した。単一の法廷意見のために、順次意見表明を放棄するよう同僚判事を説得し、そうした手続きの変更を実現したばかりでなく、自らが最高裁のいわばスポークスマンとなったようであった。一八一二年までは彼より年長の判事たちがマーシャルの意見に進んで同調し、首席判事に法廷意見を委ねた。

しかし一八一三年から一八一八年の間はストーリー(Joseph Story)判事が加わって、その保守的な経済的見解に影響された。また新たに任命された判事たちはジェファソン的政治信条をもって、個別意見が増加した。一八一九年から一八二二年の間は経済成長や西部への拡大が急速に進み、一連の偉大な連邦主義的判決が下された。一八二三年から最後の一八三五年にかけてジャクソン派の判事が加わり、マーシャルの影響力が明らかに減退した。

とはいえ同僚は彼との魅力的で興趣つきないつき合いを見出し、たとえその政治的、憲法上の見解では彼に反対であっても、友人にならない者はほとんどいなかった。そのマーシャルも八〇歳を前に現職のまま亡くなった。

(三四ページ参照)

◆ヒューズ(Charles Evans Hughes)

ウェールズ移民の牧師の子として生まれブラウン大学を卒業後、コロンビア大学ロー・スクールに進んだ。ニューヨークの法曹資格を取得して二〇年間弁護士をつとめる。健康上の理由もあってコーネル大学ロー・スクールの教授に就任、その後ニューヨーク大学ロー・スクールでも教えるようになる。四三歳のとき公職に就く。それはニューヨークのガス・電気料金調査の立法府委員会の顧問で、独占企業の腐敗を暴き、料金の引き下げに導いた。こうした活躍が注目され、ニューヨーク州共和党から知事に推され当選する。ヒューズは行政の誠実と効率、有能な職員の任命に努めた。渋る立法府に全米初の労働者補償法、鉄道エンジニア・消防士の安全措置、鉄道労働者八時間労働、公務員委員会の設立を認めさせた。

一九〇七年には共和党大統領候補を打診され、これを断ると、タフトから副大統領候補の申し出もなされた。ヒューズは固辞して知事選で再選を果たした。大統領となったタフトはヒューズに空席のできた最高裁判事就任を求め、この選任は広く支持された。六年後、大統領選挙が近づくと、共和党から候補者となるよう要請され判事を辞任した。最高裁判事として一五一の法廷意見を書き、反対意見は三二のケースに止まった。選挙はウッドロー・ウィルソンと接戦を演じ、ニューヨーク・タイムズは支持するウィルソンの敗北を認めたほどで、金曜日にやっと二七七対二五四でウィルソンの勝利が判明した。選挙後、ニューヨークで法実務にもどったが、共和党のハーディングが大統領になると、次のクーリッジ大統領まで五年間国務長官を務めた。この間、一九二一年のワシントン軍縮会議の議長を務めた。一九二五年、再び法実

務に復帰し、国際司法裁判所の裁判官なども務めた。一九三〇年にフーバーはタフトの後任の最高裁首席判事にヒューズを指名した。彼の政界、金融界への影響力に、進歩党、南部民主党が強く反対したものの、上院は一〇日間の討議の後に承認した。

首席判事としてヒューズはニューディール立法の多くを違憲とする保守派に与した。一九三七年、ローズヴェルトがコート・パッキング・プランを提案する状況を前に、ヒューズは最高裁の方向転換を促す政治的機敏さを示した。最高裁の変化は大統領の最高裁改革案を議会が葬り去るよう導いた。首席判事としてヒューズは困難な時代に社会改革に対応する法律を成立させるのに手を貸した。彼のリーダーシップをフランクファーター判事は「オーケストラを指揮するトスカニーニを見るようだった」と書いている。(四五ページ参照)

◆ウォレン(Eral Warrren)

両親はスカンジナヴィアに生まれて、子どもの頃移住した。一八九一年、鉄道員の家庭にロスアンジェルスで生まれたウォレンはベーカースフィールドで育ち、貧困と家庭の悲劇を知った。父親が殺され、犯人はついに分からなかった。バークレーの第一期生となり、さらに新しく設置された同大学のロー・スクールに進んだ。卒業後は一時、石油会社や法律事務所に勤め、一九一七年、海外勤務を期待して軍に入ったが、国内の訓練キャンプに留まった。一年後除隊して地方議員となり、五年後には地方検事となって一九三八年までつとめ、その間、腐敗と無縁なタフな検事として全米一の評価を勝ち取った。小さな息子を抱えた未亡人と結婚し、六人の子どもの父として家族の強い絆を大事にし、ライバル政治家に「無敵の家族」と言わせた。後にスチュアート判事はウォレン首席判事が事件そのものを家庭、家族、国のような「永遠の、やや陳腐な、平凡さ」で眺めると、「彼が真摯に信じている平凡さ」以外のなにものでもなかった、と評した。ウォレンの家庭、家族生活が彼の専門家としての生涯を通じて価値尺度の基礎を提供した。

一九三八年にウォレンはカリフォルニア州検事総長に、共和党ばかりでなく、民主党、進歩党の指名を得て選ばれた。検事総長時代、パールハーバー爆撃があって日系人の西海岸からの立ち退き命令が出され、その執行で果たした役割は汚点として残り、ゴールドバーグ判事に「振り返ってみると、それは私がなした最悪の行為の一つである」と語った。

一九四二年、知事に選ばれたウォレンは、州政府を組織し直し、重要な政治改革を実現した。それは州の医療制度の近代化、刑務所、矯正制度の改善、高速道路拡張計画の策定、高齢者、失業者保障の増強な

ど際だっていた。有能な行政官であることを立証し、一九四六年の選挙では民主・共和両党から指名を受け、一九五〇年にはフランクリン・ローズヴェルトの息子を大差で破って三選した。これは同州の歴史では唯一の知事であった。知事時代にウォレンは共和党の州および全国の進歩派のリーダーで、知事の後任となるブラウン(Edmund G. Brown)は「私は民主党として、ウォレンは共和党として同じ様な考え方だと思う」と言い、ウォレンを「カリフォルニア州最高の知事」と呼んだ。一九四八年の大統領選挙ではデューイの副大統領候補に指名されたが敗れ、一九五二年の選挙でも名前が挙げられた。そして一九五三年アイゼンハワーは大統領として最高裁の最初の空席にウォレンを指名した。それがヴィンソン首席判事の後任であった。

ウォレンの最高裁の一六年間の記録は、革命という表現が決して大げさではないものであった。この司法革命もウォレンがいなければ起こらなかったことは確かである。

(五〇ページ参照)

◆ブラック(Hugo L. Black)

アラバマ州の小さな町で過ごした少年時代、ブラックは町の中心にあるコート・ハウスに入り浸り、公職の候補者の演説に耳を傾け、口を利けるようになる前に民主党支持者になっていたという。彼の若い頃、アラバマや地方でポピュリスト運動が頂点だった。巡回裁判所が開かれると、弁護士や裁判官の特徴をじっと見守り、裁判の手口に注目した。アラバマ大学ロー・スクールを優等で卒業すると、法律事務所を開き、教会の成人日曜学校の講師もつとめ、週一〇〇〇人以上が彼の話を聴きに集まるようになった。彼は弁護支持を労働者、組合に向け、ほどなくブラックは個人補償専門の弁護士として州で最高の評価を確立した。二〇代の終わりに地元のカウンティ検事に選ばれ、第一次大戦の兵役につく前に三〇〇〇件もたまっていた事件を一掃する敏腕を示した。戦後、ブラックは名門でテネシー州の有名な政治家ともつながりのある家柄の女性と結婚した。当時、南部諸州の政治を支配していた白人優越主義のＫＫＫに二年間加わった。この短い経歴は一生彼につきまとうことになる。

ブラックは法実務で十分な成功を収め、四〇代になると連邦上院議員に挑戦した。強敵の候補者を向こうに回して、彼は弱者への経済的公正を訴えた。聴くものを惹き付けるたぐい稀な弁舌と草の根の組織が彼に勝利をもたらした。上院議員として二期目は民主党院内幹事としてフランクリン・ローズヴェルトのニューディールの立法化を推進した。ローズヴェルトは大統領として初めて最高裁判事を任命する機会を得ると、五一歳のブラックを選んだ。

ブラックが「大統領、私は上院よりも最高裁でより役立つとお考えですか」と尋ねたのに対し、「ヒューゴ、

君が双子であればと思うよ。私は君が最高裁でもっと有用だと思うのだ」と大統領は答えた。就任前にKKKとの関係が暴かれ、ブラックはラジオで「クランに加わった。再び加わることはない」と一一秒間述べただけであった。抗議のピケが張られる中で、ヒューズ首席判事はブラックの就任宣誓を主宰した。

それから八五歳まで三四年間つとめることになるが、就任するや、ブラックは最高裁を憲法起草者の精神と考えるものの方向に向けようと、完璧な論理と充実したリサーチをもって、誰でも分かる言葉で多くの少数意見を書いた。ブラックは憲法修正一条の条文（「議会は言論……の自由を制限するいかなる法律も制定してはならない」）を文字通り解釈し、「いかなる法律も……ない、とはこうした権利を制限する法律はないということだ」と右の胸ポケットから取り出した一〇セントのポケット版憲法をポンポンたたいて強調した。この文言主義が晩年、プライバシーや象徴的言論のような新しい権利の保障に対し、憲法条文には見出せないとして、消極的な立場をとらせることになった。（五〇ページ参照）

◆ストーン(Harlan Fiske Stone)

ニューイングランドの古い家系で、代々農業を営み、地域の公職もつとめる家庭に生まれた。アマースト大学に学び、卒業後、ハイスクールでフットボールのコーチ兼教師の職についた。当時地方検事で、後に最高裁判事になるムーディー(William H. Moody)と出会い、法律家の道を歩む決意をする。そしてコロンビア大学ロー・スクールに学資を稼ぎながら通い、ニューヨーク法曹資格を取得すると、ウォール・ストリートの法律事務所で働き始め、同時にコロンビア・ロー・スクールで寄託、保険を教えるようになった。その後、法学部長となってロー・スクールの充実に尽くした。一〇余年後、法律事務所のパートナーとなるためコロンビア大学を辞め、メトロポリタン・オペラのボックスを手に入れるほど収入を得るようになる。ほどなくアマースト大学で同窓のクーリッジ大統領に司法長官に任命された。ストーンは司法省の腐敗を一掃し、フーバー(J. Edgar Hoover)をFBI長官に推し、クーリッジはストーンを最高裁判事に指名した。ストーンは上院司法委員会に出席した最初の被命者となり、七一対六で任命承認を受けた。

当時最高裁スタッフは旧上院オフィス・ビルに多くの上院議員と窮屈な場所に押し込まれていて、ストーンは自ら広大な二階家を建て、自らの図書室と執務室を用意した。健康維持のため早朝ホワイト・ハウスの芝生でしばしば行われたフーバー大統領の「メディスン・ボール(革張りボールを使った体操)内閣」に加わった。タフト首席判事が辞任するとき、ストーンが後任になると予想した者も多かったが、タフトはストーンが仲間を一つの意見にまとめる力が弱いのではないか懸念し、ストーンの就任に反対する影響力を行使した。フーバーはヒューズを首席判事に任命し、ストーンの就任は一一年遅れることになる。

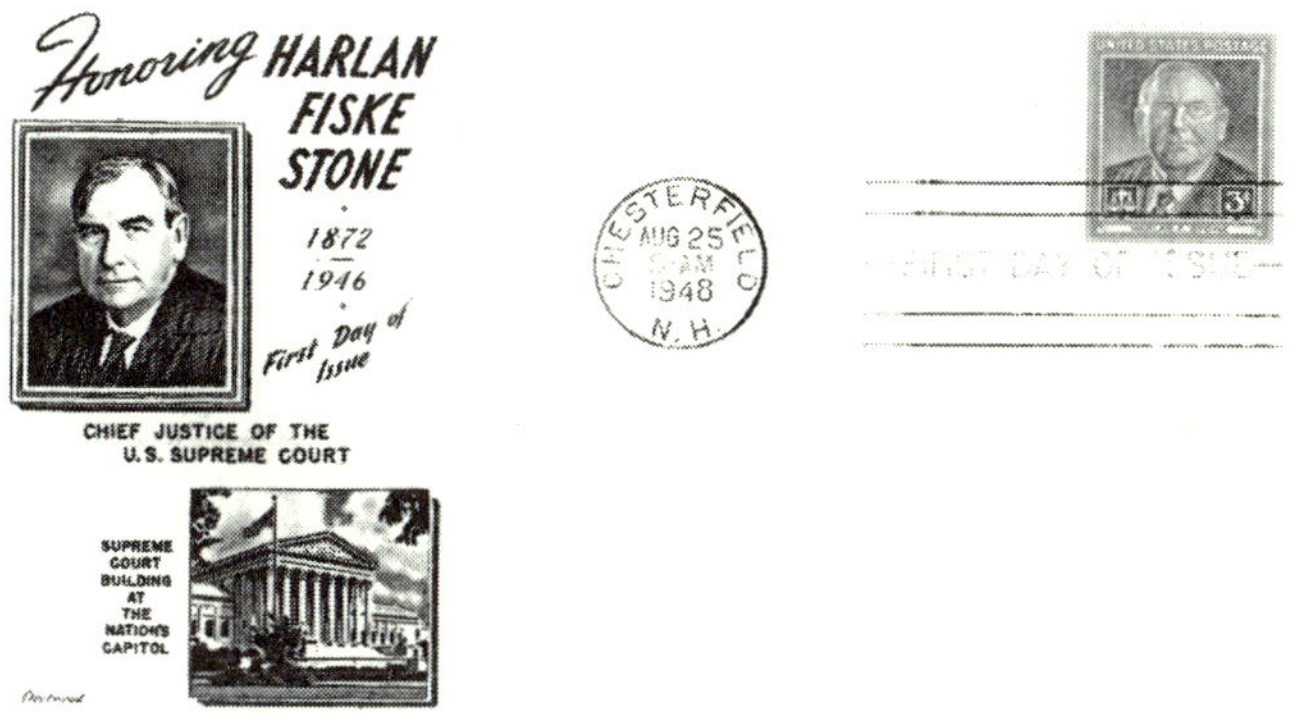

ストーンはニューディール立法を違憲とする最高裁判決に、ブランダイス、カードーゾと共に繰り返し反対意見を形成した。三人は毎週の会議の前夜、集まって意見を交換し、少数意見を準備する仕事を分割した。一九四〇年のMinersville School District v. Gobitisは第二次大戦を前に国旗忠誠を宗教的信条から拒否する権利をストーンは修正一条の下でただ一人認めた。三年後、最高裁は同判決を覆すことになるが、首席判事となっていたストーンはジャクソン(Robert H. Jackson)に法廷意見の起草を割り当てた。

　首席判事としての任命は民主党のローズヴェルト大統領がストーンの陪席判事としての記録から、政党を越えて行ったものであった。もっとも戦争に備える国の統一を図る姿勢を示すねらいもあった。戦時下にあってストーンの最高裁は困難な問題に直面した。その一つが日系人を戦時統制に置く措置を支持したことであった。時代背景だけでなく、タフトが危惧したように首席判事としてストーンの率いた最高裁は最も分裂が多く、史上最もあからさまな反目が目立った。しかしストーンの信念は、最高裁の機能とは判決を下すだけでなく、見解のぶつかり合いを通して、過去を考慮し、現在にとって適切で、将来に障害とならない解決を見出すことであった。

（八五ページ参照）

◆ホームズ(Oliver Wendell Holmes)

祖父が州最高裁判事の家庭に育ち、ハーバード大学卒業。直後に、南北戦争で奴隷制廃止論に与して北軍に参加し、三度目の負傷では脚を失いかけた。復帰するとポトマック軍に配備され、ワシントンDC郊外に駐屯していた一八六四年春のある日、砲床を離れた非戦闘員に大声で命令し、その相手が最高司令官リンカーン大統領であることを知らされ、ホームズの謝罪をリンカーンはさえぎって、非戦闘員への話し方がわかっている士官が少なくとも一人はいるのがわかって安心したと言わしめた。

ホームズはボストンに戻るとハーバード・ロー・スクールに入学した。彼は法が彼の強い学問的、貴族主義的性向の積極的なはけ口になっていると見なした。法曹資格を取ると、ボストンで弁護士を始め、間もなく American Law Review の共同編集者もつとめ、ハーバード大学でも教鞭をとった。そしてボストンの高名なLowell Institute で行ったレクチャーは名著『コモン・ロー』として出版され、高い世評を得ることになる。同書でホームズはアメリカの伝統的法理学の形式主義を打破し、法は社会の必要と共に変わる生きた、生成発展する器官であると主張した。

「法の生命は論理ではない。経験である」という冒頭の一節は大変有名で、憲法、および裁判所の役割に全く新しい考え方を招き入れた。この成功の結果、ハーバード・ロー・スクール教授およびマサチュセッツ州最高裁判事に任命された。州最高裁首席判事になった後、同じ地位から連邦最高裁判事になったグレイが死亡し、「マサチュセッツの席」にふさわしいホームズがセオドア・ローズヴェルト大統領によって任命された。

二九年間の在任中、ホームズは勇気ある独立した立場を次々に明らかにした。彼は法に対してプラグマチックなアプローチをとる傾向を示し、特定の結果を生み出す慎重な意図よりも事件を事実に基づいて判断した。一九一九年 **Schenck v. U.S.** 事件の全員一致の法廷意見で、ホームズは政府が言論の自由を妨げるべきではないという自らの信念を表し、「明白かつ現在の危険」なき限り、被告を有罪にする十分な理由とはならないと主張した。ホームズは「思想の自由な取引」が真実発見の最善の方法であることを強調した。

　ホームズのチャレンジ精神は、彼の肉体的天分とマッチしていた。背が高く、痩身、色白で、高齢になっても姿勢が良く、鷲鼻の風貌は騎兵の口ひげで際立ち、豊かな銀髪を有していた。まさに颯爽とした印象を与えたのであった。

（一五一ページ参照）

(注) Leon Friedman & Fred L. Israel eds., *The Justices of the United States Supreme Court 1789–1978* (1980); Clare Cushman ed., *The Supreme Court justices* (1993) 参照。

人名索引

事項索引

最高裁事件索引

著者紹介

大越　康夫（おおこし　やすお）
早稲田大学政治学研究科博士課程
比較憲法専攻
東京国際大学国際関係学部教授

主要著作
『選挙と議席配分の制度』（共著、成文堂、1989年）
『巨大国家権力の分散と統合』（共著、東信堂、1997年）
『政権分離の憲法政治学』（補著・訳、晃洋書房、1999年）他

シリーズ〈制度のメカニズム〉1

アメリカ連邦最高裁判所

2002年6月5日　初　版第1刷発行　〔検印省略〕

＊定価はカバーに表示してあります

著者© 大越康夫／発行者 下田勝司　印刷・製本 中央精版印刷

東京都文京区向丘1-20-6　郵便振替 00110-6-37828
〒113-0023　TEL (03) 3818-5521(代)　FAX (03) 3818-5514
E-Mail tk203444@fsinet.or.jp

発行所 株式会社 東信堂

Published by TOSHINDO PUBLISHING CO., LTD.
1-20-6, Mukougaoka, Bunkyo-ku, Tokyo, 113-0023, JAPAN

ISBN4-88713-430-4 C3332 ¥1800E ©Yasuo Okoshi

シリーズ〈制度のメカニズム〉発刊にあたって

われわれは、意識すると意識しないとにかかわらず、常に「制度」の只中にある。憲法や法律に基づく「固い制度」「公式の制度」、さらにこれらを前提としつつ、人々の相互作用の中で生成展開してゆく「柔らかい制度」「非公式の制度」もある。これらは縦横に絡み合いつつ壮大な制度大系を形づくり、われわれの生活を大きく左右している。

さらに「制度」は一国の枠をこえて、地球規模の広がりを持っている。市場経済のグローバル化は電子通信技術の飛躍的発達と相まって、物理的空間を極小化させる趨勢にある。経済の一元化と共に英語を中心に言語の一元化が急速に進んでいる。いわば、経済・政治・文化が急速に相関性を強めつつ制度の通底化・基準化へと進展しているようである。

したがって、われわれは、政治・経済・文化のこれらの「制度」について個々の「制度」の形態・作用のみならず、それらの相関的・重層的なメカニズムを知らなければ、世界に対応できなくなっているのである。

「制度」は人間が社会に生活していく共通のルールであり、合意形成であり、社会を成り立たせている最低限のガイドラインであると言える。「制度」の究極の目的が人間の公正な幸福の継受である。

そうした認識に立って、本シリーズは、まず各巻の主題として一つの「制度」を取り上げ、その仕組みと働き即ちメカニズムを、可能なかぎり原資料に立脚し、平易簡潔な日本語で概観していくことを、第一歩とするものである。

今日、多くの既成制度は変革を迫られている。新生人口の減少と高齢者層の肥大、産業の国際的分業化による基底産業の退潮と情報型産業の拡大等、わが国における経済的社会的変容の一端を見てもそのことは明らかであろう。

「制度」はそれぞれの時点である目的の下に生み出されたものであるが、時には病的な展開をみせることも多々ある。つまり制度がいったん成立するとそれによって秩序が形成される一方で、変容を続ける社会は制度からはみ出す要因を常に生み出していくのである。こうした「制度」と社会変容の矛盾をも明らかにしていくことも本シリーズの一つの使命である。「制度」に関わることは同時に、「制度批判」の目を研ぎ澄ますことでもあるのだ。

社会そして世界を網の目のように覆いつくす制度は、広い概念でとらえれば文化と言える。世界そして社会の変容につれて制度ひいては文化も変容していく。人間は、時代・社会の価値の実現をめざして、制度ひいては文化を変えていく。つまりそれらを担っているのは人間であり、かつそれらをつくり変えていくのも人間であることを検証していくことを本シリーズは最終的にめざしている。

以上の観点から、本シリーズは、「制度」の解説においても、「固い制度」のみならず人々の相互作用がもたらす「柔らかい制度」、またマイナスの効果を含み持つ「制度」の重層的メカニズムも常に視野に入れ、読者の批判力を目覚めさせる「生きた解説」を心がけてゆく。

本叢書の読者自らが、制度を担うものであり、制度を作りかえていく主体になることを期待しつつ。

2002年4月

株式会社 東信堂

東信堂

〔横浜市立大学叢書（シーガル・ブックス）・開かれた大学は市民と共に〕

ことばから観た文化の歴史 ―アングロ・サクソン到来からノルマンの征服まで　宮崎忠克　一五〇〇円

独仏対立の歴史的起源 ―スダンへの道　松井道昭　一五〇〇円

ハイテク覇権の攻防 ―日米技術紛争　黒川修司　一五〇〇円

ポーツマスから消された男 ―朝河貫一の日露戦争論　矢吹晋著・編訳　一五〇〇円

グローバル・ガバナンスの世紀 ―国際政治経済学からの接近　毛利勝彦　一五〇〇円

青の系譜　今西浩子　続刊

〔シリーズ〈制度のメカニズム・以下続々刊〉〕

アメリカ連邦最高裁判所　大越康夫　一八〇〇円

衆議院 ―そのシステムとメカニズム　向大野新治　一八〇〇円

〈日本を根底から変えるための二冊・文庫判〉

政治の構造改革 ―政治主導確立大綱　21世紀臨調編　六五〇円

日本人のもうひとつの選択 ―生活者起点の構造改革　21世紀臨調編　五〇〇円

〈社会人・学生のための親しみやすい入門書〉

国際法から世界を見る ―市民のための国際法入門　松井芳郎著　二八〇〇円

国際人権法入門　T・バーゲンソル　小寺初世子訳　二八〇〇円

地球のうえの女性 ―男女平等のススメ　小寺初世子　一九〇〇円

軍縮問題入門〔第二版〕　黒沢満編　二三〇〇円

入門 比較政治学 ―民主化の世界的潮流を解読する　H・J・ウィーアルダ　大木啓介訳　二九〇〇円

クリティーク国際関係学　関下稔・永田秀樹・中川涼司編　二二〇〇円

時代を動かす政治のことば ―尾崎行雄から小泉純一郎まで　読売新聞政治部編　一八〇〇円

〒113-0023　東京都文京区向丘1－20－6　☎03(3818)5514　FAX 03(3818)5514／振替 00110-6-37828

※税別価格で表示してあります。

東信堂

国際法新講〔上〕	田畑茂二郎	二九〇〇円
国際法新講〔下〕	田畑茂二郎	二七〇〇円
ベーシック条約集〔第3版〕	編集代表 山手治之・香西茂・松井芳郎	二四〇〇円
国際経済条約・法令集〔第二版〕	小原喜雄・小室程夫・山手治之 編	三九〇〇円
国際立法—国際法の法源論	村瀬信也	六八〇〇円
判例国際法	編集代表 田畑茂二郎・竹本正幸・松井芳郎	三五〇〇円
プラクティス国際法	香西茂・竹本正幸・坂元茂樹 編	一九〇〇円
国際法から世界を見る—市民のための国際法入門	松井芳郎	二八〇〇円
テロ、戦争、自衛—米国等のアフガニスタン攻撃を考える	松井芳郎	八〇〇円
国際人権法入門	T・バーゲンソル 小寺初世子 訳	二八〇〇円
人権法と人道法の新世紀	藤田久一・松井芳郎・坂元茂樹 編	六二〇〇円
国際人道法の再確認と発展	竹本正幸	四八〇〇円
海上武力紛争法サンレモ・マニュアル解説書	人道法国際研究所 竹本正幸 監訳	二五〇〇円
国際法の新展開—太寿堂鼎先生還暦記念	編集代表 林久茂・山手治之・香西茂	五八〇〇円
海洋法の新秩序—高林秀雄先生還暦記念	編集代表 林久茂・山手治之・香西茂	六七九六円
国連海洋法条約の成果と課題	高林秀雄	四五〇〇円
摩擦から協調へ—ウルグアイラウンド後の日米関係	中川淳司・T・ショーエンバウム 編	三八〇〇円
領土帰属の国際法〔現代国際法叢書〕	太壽堂鼎	四五〇〇円
国際法における承認—その法的機能及び効果の再検討〔現代国際法叢書〕	王志安	五二〇〇円
国際社会と法〔現代国際法叢書〕	高野雄一	四三〇〇円
集団安保と自衛権〔現代国際法叢書〕	高野雄一	四八〇〇円
国際機構条約・資料集〔第二版〕	編集代表 香西茂・安藤仁介	改訂中・近刊
国際人権条約・宣言集〔第三版〕	田畑・竹本・松井・薬師寺 編	改訂中・近刊

〒113-0023 東京都文京区向丘1—20—6 ☎03(3818)5521 FAX 03(3818)5514 振替 00110-6-37828

※税別価格で表示してあります。

東信堂

責任という原理—科学技術文明のための倫理学の試み	H・ヨナス 加藤尚武監訳	四八〇〇円
主観性の復権—心身問題から「責任という原理」へ	H・ヨナス 宇佐美・滝口訳	二〇〇〇円
哲学・世紀末における回顧と展望	H・ヨナス 尾形敬次訳	八二六円
バイオエシックス入門〔第三版〕	今井道夫 香川知晶編	二三八一円
思想史のなかのエルンスト・マッハ—科学と哲学のあいだ	今井道夫	三八〇〇円
今問い直す脳死と臓器移植〔第二版〕	澤田愛子	二〇〇〇円
キリスト教からみた生命と死の医療倫理	浜口吉隆	二三八一円
空間と身体—新しい哲学への出発《たびだち》	桑子敏雄	二五〇〇円
環境と国土の価値構造	桑子敏雄編	三五〇〇円
洞察＝想像力—知の解放とポストモダンの教育	D・スローン 市村尚久監訳	三八〇〇円
ダンテ研究Ⅰ—Vita Nuova 構造と引用	浦一章	七五七三円
ルネサンスの知の饗宴〔ルネサンス叢書1〕—ヒューマニズムとプラトン主義	佐藤三夫編	四四六六円
ヒューマニスト・ペトラルカ〔ルネサンス叢書2〕	佐藤三夫	四八〇〇円
東西ルネサンスの邂逅〔ルネサンス叢書3〕—南蛮と禰寝氏の歴史的世界を求めて	根占献一	三六〇〇円
原因・原理・一者について〔ジョルダーノ・ブルーノ著作集 3巻〕	加藤守通訳	三二〇〇円
情念の哲学	伊藤勝彦 坂井昭宏編	三二〇〇円
愛の思想史〔新版〕	伊藤勝彦	二〇〇〇円
荒野にサフランの花ひらく〔続・愛の思想史〕	伊藤勝彦	二三〇〇円
知ることと生きること—現代哲学のプロムナード	岡田雅勝 本間謙二編	二〇〇〇円
教養の復権	沼田裕之・安西和博 増渕幸男・加藤守通	二五〇〇円
イタリア・ルネサンス事典	H・R・ヘイル編 中森義宗監訳	続刊

〒113-0023 東京都文京区向丘1—20—6 ☎03(3818)5521 FAX 03(3818)5514 振替 00110-6-37828

※税別価格で表示してあります。